의롭다 하시는
하나님

의롭다 하시는 하나님

1판 1쇄 인쇄 2007년 1월 5일
1판 1쇄 발행 2007년 1월 12일

지은이   존 번연
옮긴이   마리 오
펴낸곳   (주)씨뿌리는 사람

등록번호   제2006-4호
주   소   경기도 이천시 부발읍 아미리 725
              (서울사무소) T. 741-5184~5 F. 744-1634

책값은 뒤표지에 있습니다.

ISBN 978-89-90342-17-1
ISBN 89-90342-17-1

"천국은 마치 사람이 자기 밭에 갖다 심은 겨자씨 한 알 같으니
이는 모든 씨보다 작은 것이로되 자란 후에는 나물보다 커서 나무가 되매
공중의 새들이 와서 그 가지에 깃들이느니라"(마 13:31-32).

공급처   기독교문사 도매부   T. 741-5181~3 F. 762-2234

의롭다 하시는 하나님

-하늘에 있는 자의 의가 이 땅의 나를,
이 죄인을 의롭다 한다!-

존 번연 지음 | 마리 오 옮김

씨뿌리는 사람

JUSTIFICATION by

목 차 contents

제1장 성경적 칭의 ··· **007**
  1. 칭의의 범위 ··· **008**
  2. 명제 제시와 해설 ··· **009**
  3. 명제에 따른 두 가지 결론 ··· **013**

제2장 첫 번째 결론 : 죄인을 의롭다 하심 ··· **015**
  1. 구원의 신비와 의미 ··· **016**
  2. 관련 본문과 해설 ··· **027**
  3. 성경 속의 의인들 ··· **041**
    1) 구약의 의인들 ··· **041**
    2) 신약의 의인들 ··· **049**
  4. 왜 그리스도의 의가 필요한가? ··· **056**
    1) 인간은 타고난 죄인 ··· **056**
    2) 율법의 부당한 요구 ··· **060**
    3) 율법의 효력 상실 ··· **074**

제3장 두 번째 결론 : 의는 오직 그리스도 안에 ··· **085**

제4장 첫 번째 실천 : 죄를 고백하라 ··· **097**

제5장 두 번째 실천 : 그리스도 안에서 믿음을 가져라 ··· **103**
  1. 믿음이란? ··· **104**
  2. 칭의를 얻은 자의 믿음 생활 ··· **106**
  3. 사탄이 믿음을 싫어하는 이유 ··· **115**
  4. 진리에 어두운 자 ··· **118**

맺음말 : 네 영혼을 염려하라 ··· **123**
역자 후기 ··· **128**

JUSTIFICATION by
AN IMPUTED RIGHTEOUSNESS

제1장
성경적 칭의

1. 칭의의 범위

칭의(稱義, 의롭다 하심)는 성경에서 여러 가지 형태로 나타난다.
1. 사람을 의롭다 하심
2. 행위를 의롭다 하심
3. 사람과 행위 모두를 의롭다 하심

사람이 의롭다고 인정받는 것에는 두 경우가 있다. 하나님과의 관계에서 의로운 경우와 사람과의 관계에서 의로운 경우다.

하나님과의 관계에서 의롭다는 것은, 우리가 하나님 앞에서 그분의 거룩한 율법이 인정하는 가운데 무죄로 판정받고 떳떳한 자유의 몸이 되거나, 구원을 받은 상태에 있음을 말한다.

사람과의 관계에서 의롭다는 것은, 우리가 세상 법정에서 무죄판결을 받고 떳떳한 몸이 되었음을 말한다.

행위가 의롭다고 인정받는 것에는 다음과 같은 경우가 포함된다.
  1) 오직 믿음으로 행하는 경우
  2) 일시적인 법을 충족시키는 경우

믿음으로 행하여 의롭다 함을 받는 경우는, 하나님 앞에서 예수 그리스도의 온전함 가운데 행함으로써 그 행위가 완전한 것이 되었기 때문이다(벧전 2:5; 히 13:15; 계 8:1-4).

행위가 일시적인 법을 충족시키는 경우는, 예후가 아합의 집을 칠 때 여호와께서 하신 말씀에서 그 예를 찾아볼 수 있다.

"네가 나 보기에 정직한 일을 행하되 잘 행하여 내 마음에 있는 대로 아합 집에 다 행하였은즉"(왕하 10:30).

이런 경우, 하나님은 행한 자의 자격을 보실 수도 보시지 않을 수도 있다. 분명한 점은 하나님께서 예후의 행위를 정당화하실 때 예후가 선한 사람이었는지 아닌지 고려하지 않으셨다는 사실이다. 실제로 예후는 여전히 여로보암의 죄 곁에 머물면서 이스라엘 하나님 여호와의 율법을 지키지 않고 있었다(왕하 10:29, 31).

그러므로 나는 이 점을 말하고자 한다. 우리는 우리의 행위가 비난받아 마땅할 때라도 의롭다고 인정받을 수 있다는 것이다. 또 우리가 다른 사람에게 비난을 받고 있을 때에라도 우리의 행위는 의롭다고 인정받을 수 있다는 것이다. 그 차이점에 대해서는 설명하지 않으려고 한다. 내 의도는 칭의를 다루려는 것이기 때문이다. 칭의는 인간이 하나님 앞에서 율법의 저주와 질책, 곧 죄로부터 사함을 받고 해방되어 영원한 구원을 얻는 것을 가리킨다.

2. 명제 제시와 해설

그 점을 좀 더 명확히 설명하기 위해 다음과 같은 명제를 제시하고자 한다.

"죄인이 하나님 앞에서 율법의 저주로부터 의롭다 함을 얻는 길은, 예수 그리스도의 위격이 오래전에 행하고, 지금도 그분 안에 거하는 의가 전가되는 길밖에 없다."

위 명제에 등장하는 용어는 쉬운 편이지만, 혹 도움이 될까 해서 몇 가지 설명을 덧붙이고자 한다.

1. 죄인: 율법을 어긴 자를 말한다. "죄는 불법이라" (요일 3:4).

2. 율법의 저주: 율법이 죄인에게 선고하는 판결, 형벌, 또는 질책을 가리킨다(갈 3:10).

3. 의롭다 함을 얻는 길: 그리스도께서 이 땅에서 행하시고 고난 받으신 일을 통해 이루어진다(롬 5:19).

4. 의가 예수 그리스도의 위격 안에 거함: 그리스도께서 이 땅에서 행하신 공로의 유익은 그에게 속한 자들에게 나누어지지만, 의는 여전히 그리스도 안에 거함을 의미한다.

5. 의가 전가됨: 하나님께로 난 것을 그분의 은혜로 우리가 얻어 율법의 저주로부터 벗어남을 의미한다.

6. 길밖에 없다: 율법 자체와 우리가 행한 모든 율법의 행위를 배제한다.

이로써 칭의에 대해 충분하고도 명확하게 이해했을 줄로 믿는다.

이제 1, 2번을 살펴보자. 무신론자나 철저한 이교도가 아닌 이상 무슨 죄와 저주를 의미하는지 모두 잘 알고 있을 것이다. 따라서 나머지 네 가지만 간략히 정리해 보기로 한다.

첫째, 의롭다 함을 얻는 것은 그리스도께서 이 땅에서 행하시고 고난 받으신 일을 통해서 이루어진다. 다시 말해 그리스도의 순종으로 말미암아 우리는 의인이 되는 것이다(롬 5:19). 그 순종은 율법에 대한 순종을 가리킨다. 따라서 그리스도는 "의를 이루기 위해 율법의 마침이" 되셨다(롬 10:4). 여기서 "마침"이란 율법의 요구나 조건을 의미한다. 그것은 즉 의, 완전한 의를 일컫는다(갈 3:10). 그러면 '완전한 의'는 어떻게 이루어지는가? 인간이 하나님 보시기에 오점이 없는 상태가 될 때 완전한 의가 이루어졌다고 한다(계 1:5). 그리고 그 의는 오직 그리스도의 행함과 고난 가운데만 거한다. 즉 그리스도의 "순종하심으로 많은 사람이 의인이" 되었다는 말이다. 그리스도께서 순종을 통해 율법의 마침이 되심으로써 우리를 의롭다 하기에 충분한 자격을 갖추신 것이다. 따라서 우리는 그리스도의 순종으로 말미암아 의인이 되고, 그리스도의 피로 씻김을 받고 죄사함을 받고 의롭다 함을 얻은 것이다(히 9:14; 롬 5:18-19).

둘째, 우리가 하나님 앞에서 의롭다 함을 얻은 때에도 의는 여전히 그리스도의 위격 안에만 거한다. 즉 우리는 "그리스도 안에서" 의롭다 함을 얻는 것이다. "이스라엘 자손은 다 여호와로 의롭다 함을 얻고" "의와 힘은 여호와께만 있나니" "너희는……그리스도 예수 안에 있고 예수는 하나님께로 나와서 우리에게……의로움과……구속함이 되셨으니"(사 45:24, 25; 고전 1:30).

따라서 설령 우리가 그 유익을 나눠 가진다 해도, 의는 여전히 "그리스도 안"에 있는 것이지 "우리 안"에 있는 것이 아니다. 그것은 병아리가 어미닭의 날개와 깃털 아래 보호를 받고 따스함을 누리는 것과 같다.

내가 일을 함으로써 내 아이들이 먹고 입는 것이다. 아이들이 일을 하는 것이 아니다. 마찬가지로 우리를 저주에서 벗어나 하나님 앞에 바로 설 수 있게 해 주는 그 의도 그리스도 안에 거하는 것이지 우리 안에 거하는 것이 아니다. 그리스도께서 짊어지신 죄 역시 여전히 우리의 것이지 그분의 것이 아니다. 그러니 우리가 얻은 의 또한 여전히 그분의 것이지 우리의 것이 아니라는 말이다. 왜 그런가? "하나님이 죄를 알지도 못하신 자로 우리를 대신하여 죄를 삼으신 것은 우리로 하여금 저의 안에서 하나님의 의가 되게 하려 하심이니라"(고후 5:21).

셋째, 따라서 그 의는 단지 전가되었거나, 혹은 하나님께서 우리를 의롭다고 간주하신 것이다. 마찬가지로 우리의 죄로 말미암아 주 예수께서 죄인이 되셨을 때에도, 하나님은 그에게 죄가 있다고 간주하신 것이다.

우리는 위 사실을 분명히 이해해야만 한다. 그것을 제대로 알지 못하고서는 확고한 믿음을 가질 수 없기 때문이다. 또 의는 오직 예수 그리스도 안에만 있는데도, 유혹에 빠져 우리 자신 속에서 의를 찾는 우를 범할 수도 있다.

누구보다도 위 사실에 정통했던 사도 바울은 늘 그리스도만 바라보며 그 안에서 자신을 발견하고자 했다(빌 3:6-8). 바울은 평강이나 무사함을 다른 곳에서는 찾을 수 없다는 사실을 누구보다도 잘 알고 있었다.

　하늘에 있는 자의 의가 이 땅의 나를, 이 죄인을 의롭다 한다는 사실은 이 세상에서 가장 위대한 미스터리 가운데 하나다.

　넷째, 이때 율법과 우리의 행위는 배제되어야 한다. 그것들은 무용지물일 뿐 아니라 방해물이기 때문이다. 무용지물인 까닭은 구원이 다른 이름으로 오기 때문이요(행 4:12), 방해물인 까닭은 율법에 집착하는 행위 자체가 아무리 미미하다손 치더라도, 그리스도의 의로 우리가 의롭다 함을 얻는 데 방해가 되기 때문이다(롬 9:31-32).

　그러므로 연약하고 무익한 도덕법이나 의식법, 인간의 의는 배제되어야 한다(롬 8:2-3; 갈 3:21; 히 10:1-12).

　그렇다면, 즉 의롭다 함을 얻는 데 있어 그 모든 것과 우리의 행위가 배제된다면, 예수 밖에 어디서 의를 찾을 수 있겠는가?

　이것으로 앞에 제시한 명제가 충분히 이해되었을 줄로 믿는다.

3. 명제에 따른 두 가지 결론

　이제 그 명제로부터 두 가지 결론을 내리고자 한다.

　첫째, 인간은 여전히 죄인의 몸으로 하나님 앞에서 율법의 저주로부터 의롭다 함을 얻는다.

　둘째, 의롭다 함을 얻는 길은, 예수 그리스도의 위격이 오래전에 행하고, 지금도 그분 안에 거하는 의로 말미암는 길밖에 없다.

JUSTIFICATION by
AN IMPUTED RIGHTEOUSNESS

제2장 첫 번째 결론
죄인을 의롭다 하심

먼저 첫 번째 결론, 즉 인간은 여전히 죄인의 몸으로 하나님 앞에서 율법의 저주로부터 의롭다 함을 얻는다는 사실에 대해 살펴보자. 나는 여기서 구원의 신비에 대해 먼저 언급한 후에 해당 본문을 제시하고 마지막으로 본론으로부터 결론을 도출해 내고자 한다.

1. 구원의 신비와 의미

구원의 신비란 무엇이며, 그것이 우리에게 의미하는 바는 무엇인가?

우선 인간을 구원한다는 그 신비한 행위는 온전히 의로운 분인 그리스도께서 특정한 인간이자 죄인으로 이 땅에 오셔서 공인(公人)의 자격으로 고난을 받은 사실을 가리킨다. 여기서 공인이라는 말은 대중적인 인물, 또는 인류를 대표하는 자를 말한다. 성경 여러 군데에서 그 증거를 찾아볼 수 있다. 사도 바울은 로마서 5장에서 한때 아담이 세상의 머리였던 것처럼 이제는 그리스도께서 택함을 받은 자들의 머리가 되셨다고 기록했다. 따라서 그리스도께서 인간으로 살고 죽으신 것이 바로 신비한 행위인 것이다. 그런데 "죄를 범치 아니하시고 그 입에 궤사(詭詐)도 없으"신 그리스도께서 죄인의 몸으로 죽으셨다는 사실은 그 행위를 더욱 신비롭게 만든다(벧전 1:19, 2:22, 3:18). 그는 분명 죄인으로 죽으셨다. "여호와께서는 우리 무리의 죄악을 그에게 담당시키셨도다"(사 53:6). 그러나 그리스도께서 온전히 결백했다는 사실 또한 여러 성경 구절에서 찾아볼 수 있다.

따라서 그리스도 예수께서 죄인으로 간주되어 죽으셨다는 사실이 바로 하나님의 위대한 신비인 것이다. 사도 바울이 '십자가에 못 박힌 예수'를 널리 전할 때 그는 '하나님의 지혜'만이 아니라 '하나님의 신비한 지혜', 더 나아가 '숨은 지혜'를 전했다. 그 지혜는 감추어져 있었고 공중의 새들로부터 숨어 있었다(고전 1:23, 2:7-8; 욥 28:20-21).

그런가 하면 참으로 신비스럽게도 사람의 손이 미치지 않는 곳에 있었다. 오직 하나님께서 지각을 주신 자만이 그것을 이해할 수 있는 것이다(요일 5:20).

한 인간이 가장 의로운 자임에도 불구하고 죄인으로 간주되어 택함을 받은 모든 자를 대신하여 죽었다는 사실은, 그것도 공정하고 거룩한 하나님의 손길로 말미암아 죄인이 되어 죽었다는 사실은 그 얼마나 신비한 행위인가!

이제 가장 축복받은 자, 그리스도의 그런 신비한 행위가 택함 받은 자들에게 어떤 의미를 갖는지 알아보자. 그 사실을 알게 되면 그 행위가 더욱 신비하게 여겨질 것이다.

먼저 그리스도께서 어떻게 그 행위를 준비하셨는지 살펴보자. 그는 인간이 되셨다. 피와 살을 취함으로써 인간의 모습을 하신 것이다. 하지만 하나님의 아들 그리스도는 비록 특정한 인간의 몸과 영혼을 취하기는 했어도, 특정한 인간 자체가 되신 것은 아니었다. 그는 아브라함 자손의 씨를 대표하는 공동 육신을 취하셨다. "이는 실로 천사들을 붙들어 주려 하심이 아니요 오직 아브라함의 자손을 붙들어 주려 하심이라"(히 2:16).

그리스도는 그런 신비한 방법으로 인간이 되셔서 구원받은, 또 구원받을 모든 이를 대신하게 되었다. 그것이 바로 예수 그리스도 혼자 행하신 일을 우리가 행했다고 말하는 까닭이다. 이에 대해 좀 더 구체적으로 살펴보기로 하자.

첫째, 예수 그리스도께서 율법의 의를 이루셨음에도, 우리는 그것이 우리 안에서 이루어졌다고 말한다. 우리의 육신 안에서 의가 이루어진 것은 사실이다. "율법이 육신으로 말미암아 연약하여 할 수 없는 그것을 하나님은 하시나니 곧 죄를 인하여 자기 아들을 죄 있는 육신의 모양으로 보내어 육신에 죄를 정하사 육신을 좇지 않고 그 영을 좇아 행하는 우리에게 율법의 요구가 이루어지게 하려 하심이니라"(롬 8:3-4). 그런데 회심이 없이는 누구도 의를 이룰 수 없기 때문에 사도 바울은 "육신을 좇지 않고 그 영을 좇아 행하는 우리"라는 단서를 붙였다. 한 집단에서 우두머리와 회원들이 단합이 잘 되었을 때, 우두머리가 할 수 있는 일이거나 혹은 우두머리 혼자 한 일인데도 회원들이 한 것으로 간주하는 경우가 종종 있다. 우리 안에서 율법의 요구가 이루어지게 된 까닭은 그 요구가 처녀의 몸을 통해 성육신하신 하나님의 아들 안에서 이루어졌기 때문이다. 그래서 우리는 그리스도께서 행하신 일을 우리가 행했다고 말하는 것이다. 그것은 의뢰인이 변호사를 내세우는 것과 마찬가지다. 변호사가 한 일을 의뢰인이 했다고 하고, 변호사가 승소했을 때 의뢰인이 승소했다고 하는 이유는 변호사가 의뢰인의 이름으로 일을 하기 때문이다. 그렇다면 그리스도께서 우리의 이름뿐 아니라 육신까지도 대신해서 하신 일을 우리가 했다고 하는 것은 당연하지 않은가? "이는 그리스도 예수 안에 있는 생명의 성령의 법이 죄와 사망의 법에서 너를 해방하였음이라"(롬 8:2). 내가 연약하여 할 수 없는 일을 그리스도께서 내 육신을 포함한 공동 육신 가운데 행하심으로써 결국 내 안에서 율법의 요구가 이루어진 것이다.

  그런 결론이 가능한 까닭은 그리스도께서 행하실 때 하나님의 은혜로 말미암아 우리의 육신이 그리스도 안에 있었던 것으로 간주되기 때문이다. 아담이 타락한 이후 모든 인간이 죄를 지었듯이, 그리스도께서 율법의 요구를 이루셨을 때 택함 받은 자 모두가 그에 동참한 것이다. "아담 안에서 모든 사람이 죽은 것같이 그리스도 안에서 모든 사람이 삶을 얻으리라"(고전 15:22).

  둘째, 그리스도께서 하신 일을 우리가 했다고 말할 수 있다면, 그가 받으신 고난 역시 우리가 받은 것이다. 사도 바울은 이렇게 말했다. "내가 그리스도와 함께 십자가에 못 박혔나니"(갈 2:20). 또 베드로는 이렇게 기록했다. "그리스도께서 이미 육체의 고난을 받으셨으니 너희도 같은 마음으로 갑옷을 삼으라 이는 육체의 고난을 받은 자가 죄를 그쳤음이니"(벧전 4:1). 여기서 베드로가 어떻게 주체를 바꾸는지 주목하라. 그는 그리스도께서 고난을 받으셨다고 하

첫 번째 결론 : 죄인을 의롭다 하심

면서 믿는 자들을 향해 새 생명 가운데 살라고 권고한다. 즉 우리도 고난을 받았다는 사실을 언급한 것이다. "육체의 고난을 받은 자가 죄를 그쳤음이니 그 후로는 다시 사람의 정욕을 좇지 않고 오직 하나님의 뜻을 좇아 육체의 남은 때를 살게 하려 함이라"(벧전 4:1-2).

따라서 그리스도께서 고난을 받으실 때 우리도 고난을 받은 것이다. 우리는 그의 육체를 통해 고난을 받았고, 그가 십자가에 못 박히실 때 "우리 옛 사람이 예수와 함께 십자가에 못 박힌 것"이다(롬 6:6). 다시 말해 그리스도께서 십자가에 매달리실 때 택함 받은 자들 모두가 그가 취한 공동 육신을 통해 함께 매달린 것이다. 그리스도는 우리를 대신하여 그곳에서 고통을 받으셨기 때문이다.

셋째, 우리가 그리스도와 함께 고난을 받았다면, 그의 몸이 죽으실 때 우리 또한 죽은 것이다. "만일 우리가 그리스도와 함께 죽었으면 또한 그와 함께 살 줄을 믿노니"(롬 6:8). "너희도 그리스도의 몸으로 말미암아 율법에 대하여 죽임을 당하였으니"(롬 7:4). 즉 우리는 그리스도로 말미암아 율법에 대해 죽은 몸이라는 것이다. 그러니 율법은 이제 우리와 아무 상관이 없다. 그리스도께서 죽으심으로 말미암아 율법의 저주에서 해방된 것이다. 그것이 가능한 이유는 그리스도의 몸이 우리의 육신이었고, 그 몸 위에 우리의 죄가 놓여 있었기 때문이다. 우리에게 내려질 율법의 저주가 죽음으로써 그리스도에게 내려졌던 것이다. 그러므로 율법의 저주가 우리를 대신하신 그리스도에게 완전히 집행되었기 때문에 우리는 그 저주로부터 영원히 벗어나게 되었다. 우리는 그리스도의 몸으로 말미암아 율법의 정죄로부터 자유로워졌기 때문에 의를 이루는 데 있어 우리와 율법과의 관계는 끝난 것이다. 그러니 더 이상 율법의 끔찍한 위협을 두려워할 필요가 없다. 그리스도께서 죽으심으로 말미암아 우리는 이제 율법으로부터 해방이 되어 살아 계신 그리스도에게 연합하게 되었다.

넷째, 우리가 그리스도와 함께 죽었다고 말할 수 있다면, 그로 말미암아 우리는 다시 살아났다고 말할 수 있다. "주의 죽은 자들은 살아나고 우리의 시체들은 일어나리이다"(사 26:19). "여호와께서 이틀 후에 우리를 살리시며 제삼일에 우리를 일으키시리니 우리가 그 앞에서 살리라"(호 6:2).

위 구절들은 그리스도의 부활, 곧 셋째 날에 그의 몸이 부활하는 것에 대해 말하고 있다. 그런데 잘 보라. 우리가 그리스도와 함께 고난을 받고 죽었다면, 그의 몸이 부활함으로 말미암아 우리 또한 하나님 앞에서 일어나 사는 것이다. 앞서 말했듯이, 그리스도의 몸이 곧 우리의 몸이기 때문이다. 그는 인간의 몸으로 이 땅에 오셔서 고난을 당하시고 죽으시고 다시 살아나셨다(히 2:14). 그리고 그때 하나님은 우리가 그 신인(神人, God-man) 안에 거하는 것으로 간주하셨다.

위 사실은 신약성경 곳곳에서 찾아볼 수 있다. "너희가……그리스도와 함께 죽었거든"(골 2:20). "너희가 그리스도와 함께 다시 살리심을 받았으면"(골 3:1). "너희를 하나님이 그와 함께 살리시고"(골 2:13).

'우리는 그와 함께 살리심을 받았다' '살리심' '그와 함께 살리심.' 사도 바울은 여기서 쉽게 바꾸거나 빠져나갈 수 없는 단어를 사용했다. 그리스도께서 죽은 자 가운데서 일어나셨을 때 그는 살리심을 받았다. 그리스도께서 그 전에 혹은 그 이후에 살아나신 적이 있는지는 알 수 없다. 위 구절들은 하나님의 택함 받은 백성 모두가 그때 살아나서 그리스도와 함께 살게 되었다고 결론을 내리고 있다. 물론 우리가 복음으로 말미암아 하나님께로 태어나는 그날, 은혜로 말미암아 각 개인이 살리심을 받는 것은 사실이다. 그러나 그 전에 우리는 우리의 머리 되신 그리스도께서 죽은 자 가운데서 살아나셨을 때 그와 함께 살리심을 받은 것이다.

다섯째, 그러면 우리는 죽었다가 살아나서 어떻게 되었는가? 사도 바울은 우리가 이제 그리스도 안에 살며, 상급도 받았다고 기록했다. 즉 그리스도께서 부활의 축복 이전에 받으신 유익을 우리도 받은 것이다.

그것은 바로 죄사함이다. 죄사함은 틀림없이 있었다. 그리스도께서 만약 우리의 죄를 짊어지고 죽으셨다면 그 죄에서 풀려나야 부활을 할 수 있었을 것이다. 그런데 이때 그리스도께서 죄를 용서받으셨다는 표현은 적당하지 않다. 그는 짊어진 죄에서 풀려나신 것뿐이었다. 그런데도 우리 편에서는 은혜로 말미암아 죄를 용서받는 유익을 얻었다고 말할 수 있다.

성경은 그리스도의 부활 전에 죄사함이 일어났음을 분명히 명시한다. "너희를 하나님이 그와 함께 살리시고 우리에게 모든 죄를 사하시고"(골 2:13). 즉 그리스도는 우리가 '풀려날' 때까지는 '살아날' 수가 없었다. 그는 자신을 위해 죽으신 것이 아니라 우리를 위해 죽으셨기 때문이다. 따라서 우리는 그와 함께 살아났을 때조차도 개인적으로는 여전히 죄 안에 죽어 있었다고 봐야 한다.

위 구절에 의하면, '용서'와 '살리심'이 그리스도에게 행해졌을 때 우리는 그분 안에 또는 그분에게 거하는 것으로 간주되었다.

"우리에게 모든 죄를 사하시고." 바로 그것이 필요했다. 만약 죄가 한 점이라도 그리스도에게 남아 있고 하나님께서 그 죄에 대한 합당한 대가를 받지 않으셨다면 그리스도께서 어떻게 죽음의 고통에서 벗어나 부활을 하실 수 있었겠는가? 그러므로 우리는 그리스도로 말미암아 고난을 받고 죽고 살아난 자들이다. 그리스도는 우리를 대신하여 고난을 당하시고 우리를 위해 죄사함을 받으시고 죽은 자 가운데서 살아나셨다. 그리고 그리스도의 부활 전에 하나님은 그를 통해 우리의 죄를 완전히 사면하셨다. 부활은 바로 죄사함의 증거다. "예수는 우리 범죄함을 위하여 내어 줌이 되고 또한 우리를 의롭다 하심을 위하여 살아나셨느니라"(롬 4:25).

그 죄사함이 바로 그리스도의 육신 안에서 그의 죽음과 고난에 동참한 우리가 그분의 부활로 말미암아 받는 특전이다.

따라서 우리는 이제 사망에서 벗어났다. "이는 그리스도께서 죽은 자 가운데서 사셨으매 다시 죽지 아니하시고 사망이 다시 그를 주장하지 못할 줄을 앎이로라"(롬 6:9).

앞서 말했듯이 우리 택함 받은 자들은 특전을 받은 자들이다. 그리스도의 몸이 죽은 자 가운데서 살아났을 때 우리도 함께 살아났기 때문이다. 사도 바울은 이렇게 말했다. "이와 같이 너희도 너희 자신을 죄에 대하여는 죽은 자요 그리스도 예수 안에서 하나님을 대하여는 산 자로 여길지어다"(롬 6:11).

그리스도는 "나는 부활이요 생명"이라고 말했다(요 11:25). 그렇기 때문에 그에게 속한 자들은 고난을 받고 죽고 살아나는 가운데 그리스도 안에서 평안함을 누린다. 그는 생명, 곧 우리의 생명이다. 우리 택함 받은 자들은 비록 개인적으로는 죄 안에서 죽은 몸이지만 그리스도로 말미암아 이제 하나님 앞에서 살 수 있게 되었다. 그리고 우리의 머리이신 그리스도의 부활의 은혜 가운데 믿음으로 살다가 때가 이르면 그분과 함께 영광 안에서 살게 될 것이다. 그리스도께서 사신다면 그와 함께 부활한 우리도 사는 것이다. '그와 함께 살리심'을 받았으니 정말 '사는' 것이다. 우리가 그리스도의 부활 때 살아났다는 사실이 확실한 만큼, 그의 재림 때 그리스도에게 나아가게 될 것이라는 사실도 확실하다. 부활에서 재림의 그날까지, 그리스도의 사망과 부활에 동참했던 자들은 이미 하루하루 그에게 나아가며 "때가 찬 경륜" 안에 있는 것이다. 그리스도께서 예정하신 일을 누가 막을 수 있겠는가? "때가 찬 경륜을 위하여 예정하신 것이니 하늘에 있는 것이나 땅에 있는 것이 다 그리스도 안에서 통일되게 하려 하심이라"(엡 1:9-10).

위 사실을 더욱 굳건히 해 주는 사건은, 하나님께서 우리를 그리스도와 "함께 일으키사 그리스도 예수 안에서 함께 하늘에 앉히" 신 일이다(엡 2:6). 우리 택함 받은 자들은 그리스도와 함께 죽고 살아나서 이제는 우리의 머리가 되어 하나님 우편에 앉아 계신 그분 안에서 함께 하늘에 앉아 있게 되었다. 우리는 오직 그리스도로 말미암아 그 영광의 자리에 앉게 된 것이다. 사도 바울은 말하기를, 우리는 정해진 대로 부름을 받고 의롭다 함을 얻고 영광을 받았다고 한다. 부름, 의롭다 하심, 영광, 이 모든 것이 그리스도 안에서 이미 다 이루어졌다(롬 8:30). 따라서 더 이상 그리스도께서 이 땅에서 하실 일은 없는 것이다. 그는 부름을 받지 않았는가? 그는 의롭다 함을 얻지 않았는가? 그는 영광을 받지 않았는가? 그리고 우리는 그분 안에 있지 않은가? 비록 그렇게 간주된 것이긴 하지만.

위 교리가 중생이나 회심 교리에 방해가 된다고 생각하는 사람도 있을 것이다. 하지만 그렇지 않다. 오히려 그런 교리의 바탕이 된다고 할 수 있다. 칭의 교리를 통해 우리는 그리스도께서 자기 백성을 거두시리라는 사실을 확신할 수 있다. 우리가 이미 우리의 머리이신 그리스도 안에 살고 있다면, 나중에도 그와 함께 살게 되리라는 것은 분명한 사실이다. 우리는 그때를 위해 정해진 시간 내에 믿음 안으로 부름을 받고 그 믿음 가운데 영광의 그날까지 살게 된다.

그런 사실이 회심이라든지, 은혜로 부름 받아 특전을 누리는 일에 방해가 되냐면 그렇지 않다. 오히려 그 모든 것의 바탕이 된다고 할 수 있다. 내가 만약 그리스도와 함께 죽었다면, 그의 죽음은 곧 나의 죽음이다. 그리스도께서 십자가에 매달리셨을 때 그는 모든 것, 즉 죄와 율법과 세상의 기본원리에 대하여 죽으셨던 것이다(롬 6:10, 7:4; 골 2:20).

내가 만약 그와 함께 살아났다면, 그의 부활은 곧 나의 부활이다. 그러니 나는 새 인생을 살아야 한다. 내 생각과 마음이 그리스도께서 계신 천국으로 모아져야 한다. 그런데도 혹자는 천국 일에 대해 떠들기는 하면서 실천하는 데는 관심이 없다. 사도 바울의 삶을 보라. "내가 그리스도와 그 부활의 권능과 그 고난에 참예함을 알려 하여 그의 죽으심을 본받아……내가 이미 얻었다 함도 아니요 온전히 이루었다 함도 아니라……푯대를 향하여 그리스도 예수 안에서 하나님이 위에서 부르신 부름의 상을 위하여 좇아가노라"(빌 3:10-14).

바울처럼 살고자 할 때 우리는 그리스도를 닮은 자가 될 수 있다. "하늘에 속한 자는 저 하늘에 속한 자들과 같으니"(고전 15:48). 그리스도 안에 거하면서 그분으로 말미암아 특전을 나눠 가지는 자는 "그의 행하시는 대로 자기도 행할지니라"(요일 2:6).

다시 본론으로 돌아가자. 인간은 여전히 죄인의 몸으로 하나님 앞에서 율법의 저주로부터 의롭다 함을 얻는다.

인간은 그리스도로 말미암아, 그리스도 안에서, 그리스도를 통해 의롭다 함을 얻는 것이지 우리 자신의 행위로 얻는 것이 아니다. 그리스도의 입장에서 보면, 그는 반드시 그 일을 하셔야만 했다. 그렇지 않으면 택함 받은 자들의 구원을 이룰 수가 없었다. "내 아버지여 만일 할 만하시거든 이 잔을 내게서 지나가게 하옵소서"(마 26:39). 무엇이 할 만하다는 말인가? 자신의 피를 흘리지 않고도 자기 백성이 구원을 받을 길이 있느냐는 것이다. 하지만 그리스도께서 고난을 당하시는 길밖에 다른 길은 없었다. 피를 흘리지 않고는 죄사함도 있을 수 없었다(눅 24:26; 행 17:3; 히 9:22).

2. 관련 본문과 해설

이제 의롭다 함을 얻은 우리 자신에 대해 알아보자. 나는 먼저 우리의 자격을 설명한 뒤, 우리가 얼마나 중요한 입장에 놓여 있는지 입증하려고 한다. 그 과정에서 해당 구절을 제시하며, 그 구절에서 결론을 도출해 내는 식으로 논리를 전개해 나갈 것이다.

첫째, "네 하나님 여호와께서 그들을 네 앞에서 쫓아내신 후에 네가 심중에 이르기를 나의 의로움을 인하여 여호와께서 나를 이 땅으로 인도하여 들어서 그것을 얻게 하셨다 하지 말라……네가 가서 그 땅을 얻음은 너의 의로움을 인함도 아니며 네 마음이 정직함을 인함도 아니요……그러므로 네가 알 것은 네 하나님 여호와께서 네게 이 아름다운 땅을 기업으로 주신 것이 네 의로움을 인함이 아니니라 너는 목이 곧은 백성이니라"(신 9:4-6).

위 본문에서 두 가지 사실에 주목하라. 이 글에 나오는 사람들은 하나님의 백성이다. 하나님 자신이 그 사실을 두 번이나 인정하셨다. "네 하나님 여호와께서", "네 하나님 여호와께서." 그러므로 여기서 말하는 의로움이란 세상적인 의가 아니라 하나님의 백성이 행하는 의를 가리킨다.

그 의로움은 또한 부분적인 것이 아니라 전체, 곧 그리스도인들이 하나님께 행하는 모든 것을 가리킨다. "네가 심중에 이르기를 나의 의로움을 인하여 그것을 얻게 하셨다 하지 말라." 이집트에서 가나안에 이르기까지 행한 그 모든 의로도 그들은 가나안 땅을 얻을 수 없었다.

그 점은 본문에서 세 번이나 언급됨으로써 명백히 드러난다. "네가 심중에 이르기를 나의 의로움을 인하여 그것을 얻게 하셨다 하지 말라." "너의 의로움을 인함도 아니며." "네 의로움을 인함이 아니니라." 그 옛날에 하나님의 백성들의 천국인 가나안을 얻을 자격이 없었다면, 세상적인 의로 어떻게 천국 자체를 얻을 수 있겠는가? 다시 말해 그들처럼 경건한 백성이 자신들의 행위로 세상 낙원을 얻을 수 없었다면, 경건치 못한 자들이 여전히 죄인인 상태에서 율법의 저주와 심판으로부터 벗어나려면 반드시 죄사함이 필요한 것이다. 즉 선한 자가 그의 행위를 통해 작은 것을 얻을 수 없다면, 악한 자가 그의 행위를 통해 무엇을 얻을 수 있겠는가?

둘째, "내 하나님이여 이 일을 인하여 나를 기억하옵소서……나의 행한 선한 일을 도말하지 마옵소서" (느 13:14).

위 본문은 거룩한 선지자 느헤미야가 성경에 기록된 그 모든 선한 일을 행한 뒤에 한 말이다. 그 일은 느헤미야가 하나님과 그의 백성을 위해, 또 하나님의 집과 그 모든 직무를 위해 한 일이었다. 그런데도 그는 하나님 앞에 바로 서지 못하고, 자신의 선행으로 율법의 심판을 면할 수 있으리라고 생각지 않았으며, 오직 하나님께 그 자신과 이스라엘 백성을 향해 긍휼을 베풀어 주시기를 간구하며, "주의 큰 은혜대로 나를 아끼시옵소서"라고 기도했다 (느 13:22).

비록 느헤미야가 하나님께 자신의 선행을 말살하지 않도록 기도하고 있기는 하지만, 그 속에는 죄가 있기 때문에 하나님은 선한 일도 말살하신다. 분명한 점은 느헤미야가 자신의 선행 가운데 죄가 있음을 알고 있었다는 사실이다. 만약 선한 자의 행위가 그 속에 죄의 얼룩이 묻어 있어 내팽개쳐질 위험에 처해 있다면, 악한 자가 죄로 가득한 그 행위를 가지고 어떻게 하나님 앞에 바로 설 수 있겠는가? 다시 말해 경건한 자의 행위가 비난받아 마땅하다면, 경건치 못한 자의 행위는 마땅히 신의 심판을 받아야 하지 않겠는가?

셋째, "대저 우리는 다 부정(不淨)한 자 같아서 우리의 의(義)는 다 더러운 옷 같으며 우리는 다 쇠패(衰敗)함이 잎사귀 같으므로 우리의 죄악이 바람같이 우리를 몰아가나이다"(사 64:6).

위 본문의 사람들은 인간적인 면에서 의로운 백성이며, 그 의로운 백성이 모두 한자리에 모여 있다. "우리는 다." 그런데 그런 의로운 자들이 자신들의 입술로 기껏해야 "부정한 자"라고 고백했다.

그들은 또 선한 일을 행하는 의로운 자들이다. "우리의 의는 다." 여기에는 믿음 전과 믿음 후에 행하는 모든 종교적인 의무가 포함된다. 그런데 그 의가 다 무엇인가? 율법의 정의 앞에서는 바로 "더러운 옷"인 것이다. 또한 그 모든 의에도 불구하고, 만약 은혜가 없다면 자신들의 죄악이 바람같이 그들을 몰아갈 것이라고 말했다. 그렇다면 죄 가운데 있는 자가 믿음 전에 행한 행위로, 즉 타고난 능력으로 행한 행위를 가지고 어떻게 티 없이 깨끗한 상태가 될 수 있겠는가? 뿐만 아니라 어떻게 하나님과 그의 율법을 똑바로 바라볼 수 있는 의를 행하며, 죄사함을 바라고 영생을 얻을 수 있겠는가? 그럴 수는 없다. 따라서 "인간은 여전히 죄인의 몸으로 하나님 앞에서 율법의 저주로부터 의롭다 함을 얻는다."

넷째, "선을 행하고 죄를 범치 아니하는 의인은 세상에 아주 없느니라"(참고. 전 7:20; 왕상 8:46).

앞의 본문도 포괄적이었는데, 이번 본문은 더욱 포괄적이다. 이 세상에서 선을 행하며 죄를 짓지 않는 사람은 단 한 사람도 없다고 본문은 말한다. 그렇다면 이 세상의 어떤 사람도 자신의 행위로 하나님 앞에서 의인이 될 수 없는 것이다. 그 선행에는 죄가 섞여 있기 때문이다. 그러면 악한 사람이, 행여 그가 이 세상의 악한 자 가운데 가장 덜 악한 자라고 하더라도, 어떻게 자신의 행위로 하나님 앞에서 의인이 될 수 있겠는가? 만약 나무가 아름다운 열매와 나쁜 열매를 맺을 수 있다면, 악한 나무(악한 사람은 악한 나무다)는 아름다운 열매를 맺을 수 없는 법이다(마 7:16). 그런 자가 어떻게 자신의 죄를 씻고 하나님 앞에서 흠 없는 자가 될 수 있겠는가?

다섯째, "마음이 완악하여 의에서 멀리 떠난 너희여 나를 들으라 내가 나의 의를 가깝게 할 것인즉"(사 46:12-13).

위 본문은 우리 모두에게 적용된다. 사람이 자신을 어떻게 생각하건 하나님의 심판 앞에서 의로운 자는 하나도 없다. 인간은 의로움과는 거리가 멀기 때문이다.

본문은 사람이 어떤 식으로든지 하나님 앞에서 정당하고 의롭다고 생각하는 것은 부질없는 일임을 분명히 밝힌다.

또 이런 점도 넌지시 드러난다. 스스로 가장 사악하다고 생각하는 자에게도 하나님은 의를 준비하고 계신다는 사실이다. 따라서 의로움과는 거리가 멀다고 생각하는 사람들도 절망할 필요는 없는 것이다. 지금까지 제시한 본문들은 모두 우리의 첫 번째 결론을 뚜렷하게 뒷받침해 준다. "인간은 여전히 죄인의 몸으로 하나님 앞에서 율법의 저주로부터 의롭다 함을 얻는다."

여섯째, "수고하고 무거운 짐 진 자들아 다 내게로 오라 내가 너희를 쉬게 하리라"(마 11:28).

위 본문에는 수고하는 자들이 등장한다. 그들은 살기 위해 수고한다. 그러나 그 모든 수고에도 그들의 심신은 편치 않다. 부담은 여전하고, 짐도 무겁기만 하다. 여기서 말하는 짐이란 두말할 필요 없이 죄책감을 가리킨다. 다윗 역시 죄책감에 시달리며 "감당할 수 없나이다"라고 고백한 바 있다(시 38:3-5).

우리는 위 본문에서 살기 위해 온갖 노력을 기울이는 사람들의 모습을 본다. 그런데 발버둥 치면 칠수록 그들은 자신들을 누르고 있는 짐의 무게로 더욱 가라앉는다.

결론을 말하자면, 그리스도께서 자신에게 와서 쉬라고 하셨을 때 그는 다른 곳에서는 안식을 찾을 수 없음을 잘 알았다. 나는 그리스도의 그런 판단이 세상 누구의 판단보다도 옳다고 생각한다. 따라서 "인간은 여전히 죄인의 몸으로 하나님 앞에서 율법의 저주로부터 의롭다 함을 얻는다."

일곱째, "기록한 바 의인은 없나니 하나도 없으며 깨닫는 자도 없고 하나님을 찾는 자도 없고 다 치우쳐 한가지로 무익하게 되고 선을 행하는 자는 없나니 하나도 없도다"(롬 3:10-12).

위 본문은 율법이 인정하는 의의 공적을 가지고는 누구도 의로운 자가 될 수 없다고 결론을 내린다. 거기에는 다섯 가지 이유가 있다.

1. 그들은 선하지 않다. 사람은 선행을 하기 전에 먼저 선한 자가 되어야 한다. 선행을 하고 죄를 멀리하기 전에 온전히 선해야 하는 것이다.

2. 그들은 무지하다. 무지한 자가 어떻게 선행을 할 수 있는가? 사람은 선행을 하기 전에 먼저 선이 무엇인지 알아야 한다. 그렇지 않고서 어떻게 선을 선택할 수 있겠는가?

3. 그들은 이기적이다. 하나님의 목적을 위해 그분을 찾는 것이 아니기 때문이다.

4. 그들은 다 바른길을 벗어났다. 그런 자들이 무슨 재주로 바르게 살 수 있겠는가?

5. 그들은 무익한 존재다. 그러니 그들의 행위 속에 무슨 득이나 가치가 있겠는가?

따라서 사도 바울은 "의인은 없나니 하나도 없다"(롬 3:10)라고 단정했다. 위에 열거한 이유들은 대단히 설득력이 있다. 바울은 그것들을 통해 악한 나무는 아름다운 열매를 맺을 수 없다는 사실을 입증하고 있기 때문이다.

사도 바울은 지금까지 다섯 가지 이유로 의인은 없다고 결론을 내렸다. 거기에다 그는 다섯 가지 이유를 더 제시하면서 선행을 통해 의인이 될 수 없음을 증명했다.

6. 그들의 속을 들여다보면 열린 무덤 같고, 죽은 자의 뼈로 가득 차 있으며, 마음은 부패하였으니, 거기서 어떻게 아름답고 선한 것이 나오겠는가?(롬 3:13; 마 23:27; 딛 1:15; 사 44:12; 렘 17:9).

7. 그들의 목구멍은 썩은 것들로 가득하여 입에서 나오는 말마다 고약한 냄새가 풍긴다.

8. 그들의 입에는 저주와 악독이 가득하다. 그러니 어떻게 그 입에서 하나님을 기쁘시게 하는 말이 나오겠는가?

9. 그들의 혀는 지금까지 속이는 데 사용되었다. 그러니 새것이 되지 않고는 바른말을 할 수가 없을 것이다.

10. 그들의 입술에는 독사의 독이 묻어 있다. 따라서 그 입술에서 나오는 것은 모두 사악하다.

사도 바울은 여기서 그들의 내부기관을 열거하면서 그와 같은 목구멍이나 혀나 입술에서는 선하거나 깨끗한 것이 나올 수 없다고 단정했다(롬 3:11-14).

그런데 그것이 전부가 아니다. 바울은 다섯 가지 이유를 더 들어 그들이 선을 행하는 것은 불가능하다고 주장했다.

11. "그 발은 피 흘리는 데 빠른지라"(롬 3:15). 이 말은 죄를 좇는 인간의 심적 경향을 암시한다. 즉 악한 일을 하는 데는 재빠르고, 선한 일을 하는 데는 더디다는 말이다.

12. "파멸과 고생이 그 길에 있어"(롬 3:16). 여기서 '길'은 행위를 가리킨다. 그들 가운데 가장 훌륭하다는 자에게도 파멸은 숨어들

고, 그들의 발꿈치에는 늘 고생이 따라다닌다.

13. "평강의 길을 알지 못하였고"(롬 3:17). 그 길은 보이지 않는 곳에 있다. 따라서 그곳으로 가는 길을 모르는 어리석은 자들은 피곤으로 지칠 수밖에 없다.

14. "저희 눈앞에 하나님을 두려워함이 없느니라"(롬 3:18). 선행을 하기 전에 거룩한 주권을 향한 경외심이 앞서야 한다. 그런데 하나님을 두려워하는 마음이 없는 자들이 무슨 선한 일을 행할 수 있겠는가?

15. 그들은 늘 율법 아래 놓여 있다. 그런데 그 율법은 온전한 선을 요구하며, 완벽하게 선한 자가 아니거나 그럴 가망성이 없는 자들을 징계한다. "무릇 율법이 말하는 바는 율법 아래 있는 자들에게 말하는 것이니 이는 모든 입을 막고 온 세상으로 하나님의 심판 아래 있게 하려 함이니라"(롬 3:19).

지금까지 보았듯이 사도 바울은 열다섯 가지 이유를 들어 행위를 통해 하나님 앞에서 의인이 될 수 있는 자는 하나도 없음을 증명했다. 따라서 "인간은 여전히 죄인의 몸으로 하나님 앞에서 율법의 저주로부터 의롭다 함을 얻는다."

여덟째, "이제는 율법 외에 하나님의 한 의가 나타났으니 율법과 선지자들에게 증거를 받은 것이라"(롬 3:21).

위 본문은 행위의 법이자 도덕법인 율법을 배제하고(롬 3:27), 하나님의 의를 강조한다. 율법의 의는 사람의 의, 곧 사람이 지닌 의를 말한다(빌 3:9).

의를 이루는 데 있어 율법이 배제된다면, 즉 인간이 좇는 바로 그 대상이 배제된다면 우리는 오직 하나님의 의로 의롭다 함을 얻어야 할 것이다. 다시 말해 율법과는 무관한 의가 필요하며, 그것은 오직 '하나님의 의' 밖에 없다. 그 의는 사람에게서 나는 것이 아니다. 사람의 의는 율법과 무관하고 우리의 순종과도 무관한 하나님의 의와는 분명히 구분된다.

하나님의 의, 곧 하나님께서 이루시고 믿는 자 모두에게 차별 없이 베푸시는(롬 3:22) 그 의는, 그리스도의 공로 안에 거하며 하나님의 은혜와 공의로 말미암아 우리에게 전가된다(롬 3:24-26). 따라서 인간의 의로는 하나님과 의로운 관계가 될 수 없다.

아홉째, "그런즉 육신으로 우리 조상 된 아브라함이 무엇을 얻었다 하리요"(롬 4:1).

사도 바울은 위 본문에서 문제의 핵심을 다루었다. 아브라함은 믿는 자들의 조상으로 불린다. 따라서 그가 어떻게 의로움을 얻었는가 하는 점은 그의 모든 자손이 본받아야 한다.

아브라함은 어떻게 의를 찾았는가? 그의 자손들이 찾다가 놓쳐 버린 것을 그는 어떻게 찾았는가?(롬 9:32) 이스라엘 백성이 구했으나 얻지 못한 그 참된 의를 그는 어떻게 얻었단 말인가?(롬 11:7)

아브라함이 육체를 가지고 있어 육체의 행함으로 얻었는가? 그렇다면 그것은 율법의 행위가 아닌가?

육체의 행위로 의롭다 함을 얻을 수 있다면 아브라함을 따를 자가 없을 것이다. 사도 바울은 자신이 그리스도를 만나기 전에 모든 육체의 행위를 행하고 있었다고 말했다. "만일 누구든지 다른 이가 육체를 신뢰할 것이 있는 줄로 생각하면 나는 더욱 그러하리니"(빌 3:4). 이어서 그는 자신에게 주어진 특권을 여러 개 나열하면서 가장 마지막에 "율법의 의로는 흠이 없는 자로라"라고 덧붙였다(빌 3:4-6).

율법의 의는 육체의 행위로 보아 마땅하다. 그것은 육체를 가진 자의 행위이기 때문이다. 성령은 율법이나 그 행위에는 관여하지 않으며, 하나님의 영광을 드러내는 직분에만 소명을 다한다(고후 3:8).

따라서 율법의 행위는 육체의 행위다(약 3:10). 그것은 타락한 인간의 육체, 곧 온갖 더러운 것들을 다 소유하고 부패의 근원이 되는 육체가 행하는 일이기 때문이다(갈 5:19-20).

아브라함은 그런 의로 하나님과 의로운 관계가 된 것이 아니었다. "만일 아브라함이 행위로써 의롭다 하심을 얻었으면 자랑할 것이 있으려니와 하나님 앞에서는 없느니라 성경이 무엇을 말하느뇨 아브라함이 하나님을 믿으매 이것이 저에게 의로 여기신 바 되었느니라"(롬 4:2-3). 여기서 '믿음'은 '행위'에 반(反)하는 것이다. 그러므로 의롭다 함은 하나님을 모욕하는 그런 행위로 얻는 것이 아니라 오직 믿음으로 얻는 것이다.

따라서 "인간은 여전히 죄인의 몸으로 하나님 앞에서 율법의 저주로부터 의롭다 함을 얻는다."

열째, "일하는 자에게는 그 삯을 은혜로 여기지 아니하고 빚으로 여기거니와"(롬 4:4).

위 본문은 의롭다 함을 얻는 것과 율법은 무관하다는 사실을 뒷받침할 뿐 아니라, 율법을 좇는 삶을 살아서는 안 된다는 점을 명시한 것이다. 그런 삶은 다음과 같은 사악한 결과를 가져오기 때문이다.

1. 은혜가 설 자리가 없어진다. 그것은 부당한 일이다. 은혜로 말미암아 의롭다 함을 얻을 수 없게 되기 때문이다.

2. 하나님께서 빚진 자가 된다. 그것은 우리가 그분보다 더 높은 자리에 있다는 말과 다름없다. 그러면 우리는 은혜로 의롭다 함을 얻는 것이 아니라 그것이 빚이기 때문에 당연히 받는 셈이다. 그 결과는?

  1) 천국의 일을 방해하게 된다. 하나님은 우리를 그리스도의 구속으로 말미암아 은혜로 값없이 의롭다 할 계획을 가지고 계신다(롬 3:24-26; 엡 2:8-13).

  2) 마치 우리 자신이 구원자인 것처럼 그리스도를 문 밖으로 내몰게 된다(갈 5:2-4).

  3) 천국이 약속이 아니라 빚이 된다. 우리가 받을 것을 받는 셈이 되므로 하나님께 의지할 필요가 없다(갈 3:18). 따라서 그런 악을 방지하기 위해 우리는 행위가 아닌 은혜로 의롭다 함을 얻어야 한다.

다시 강조하건대 의롭다 함은 행위로 얻는 것이 아니다. 만약 행위로 얻는다면 하나님은 채무자요, 우리는 채권자가 된다. 그런 관점은 다음과 같은 신성모독 행위를 낳는다.

1. 하나님께서 뜻하시는 대로 일을 결정하는 것이 아니라, "하나

님의 후사"(롬 8:17)인 우리가 결정권을 쥐게 된다.

  2. 따라서 하나님과 그의 왕국과 영광을 우리 마음대로 주물럭거리게 된다(오, 세상에!). 우리가 만약 일을 함으로써 하나님을 소유할 수 있다면 그는 우리에게 빚을 졌다는 말과 같다. 그가 우리에게 빚을 졌다면 우리는 하나님을 살 수 있다. 그렇다면 하나님은 더 이상 자유로운 존재가 아니라 우리에게 매여 우리의 처분을 기다리는 몸이 된다.

  위 사실로 미루어, 개인의 행위로 의롭다 함을 얻는다는 것 자체가 하나님의 전지전능하심에 모순되는 일이다. 따라서 "인간은 여전히 죄인의 몸으로 하나님 앞에서 율법의 저주로부터 의롭다 함을 얻는다."

  열한째, "일을 아니 할지라도 경건치 아니한 자를 의롭다 하시는 이를 믿는 자에게는 그의 믿음을 의로 여기시나니"(롬 4:5).

  위 본문은 우리가 율법의 저주로부터 하나님 앞에 바로 설 수 있는 길, 곧 의롭다 함을 얻는 길을 보여 준다.

  1. 의롭다 함은 개인의 공로로 얻는 것이 아니다. 본문에서 보듯 의롭다 함을 얻는 자는 일을 하지도 않고 경건치도 않은 자이기 때문이다.

  2. 따라서 의롭다 함은 믿음과 그리스도의 공로와 의로 말미암아 얻는 것이다. 행위와 믿음은 상극이다. '일을 아니하고 믿는 자'가 의롭다 함을 얻기 때문이다. 사도 바울은 다른 구절에서도 비슷한 말을 했다. "율법은 믿음에서 난 것이 아니라"(갈 3:12). 행위도 마

찬가지다. 율법은 이것을 행하고 저것을 행하며 그대로 살라고 명한다(롬 10:5). 하지만 믿음은 그렇지 않다. "네가 만일 네 입으로 예수를 주로 시인하며 또 하나님께서 그를 죽은 자 가운데서 살리신 것을 네 마음에 믿으면 구원을 얻으리니 사람이 마음으로 믿어 의에 이르고 입으로 시인하여 구원에 이르느니라"(롬 10:9-10).

질문: 그런데 의를 이루는 데 믿음이 필요하지 않은가?

답변: 그렇다. 우리는 '믿음' 하면 주로 죄의 사면이나 믿는 행위를 떠올린다.

주 예수 그리스도를 영접하는 믿음은 하나님을 기쁘시게 해 드린다. 그러므로 믿음은 세상에서 가장 고귀한 행위다. 믿음은 은총을 베푸는 자의 머리에 왕관을 씌우고, 그리스도의 의가 완전하다는 진리를 보증하며(요 3:33), 모든 영광을 하나님께 돌린다. 따라서 믿음은 의로운 행위다. 그런데 의롭다 함을 얻는 의의 주체는 오직 그리스도뿐이다(롬 4:20).

믿음은 또 상대적인 행위로서 의와 관계가 있다. 그래서 믿음의 의라고 부르는 것이다(롬 10:6). 여기서 의를 빼 버리면 믿음이 바로 서지 못한다. 우리는 "하나님을 믿고 예수 그리스도를 믿는 자는 구원을 얻으리라"(요 6:35-40) 하는 말을 자주 듣는다. 그리스도를 벗어난 믿음은 하나님과도, 인간과도 무관하다. 믿음은 그 대상이 필요하며, 그 대상은 바로 십자가에서 돌아가신 주 예수님이다. 그리스도의 피는 의와 생명과 평화의 근원이며(행 10:29, 31, 33), 그 피를 믿음으로써 우리는 하나님의 정의 앞에 바로 설 수 있다. "이 예수를 하나님이 그의 피로 인하여 믿음으로 말미암는 화목 제물로 세우셨으니……예수 믿는 자를 의롭다 하려 하심이니라"(롬 3:25-26).

열두째, "일한 것이 없이 하나님께 의로 여기심을 받는 사람의 행복에 대하여 다윗의 말한 바"(롬 4:6).

만약 우리의 적이 위 본문만 잘 이해한다면, 성경에서 말하는 '여김을 받다' 또는 '전가되다' 가 '속성을 지니다' 라는 주장은 하지 못할 것이다. 인간은 믿음이 아니다. 믿음이 있다고 여겨지는 것이다. 인간은 죄가 아니다. 죄가 있다고 여겨지는 것이다. 어떤 때는 선하거나 악하다고 여김을 받기도 한다. 하지만 인간 자체는 선도 악도 아니다.

다시 본론으로 돌아가자. 그러면 일을 하지 않는 자가 무슨 의를 가지고 있을까? 물론 그 자신은 아무런 의도 가지고 있지 않다. 하나님께서 그에게 의를 전가하시는 것이다. 그렇다면 경건치 못한 자가 과연 무슨 일을 하기에 의를 전가받는가?

의롭다 함에 있어 하나님은 인간이 하는 그 어떤 일도 고려하지 않으신다. 그러므로 인간에게 의가 있고 없고는 아무런 문제가 되지 않는다.

"일한 것이 없이 하나님께 의로 여기심을 받는 사람의 행복." 인간의 행복, 즉 하나님 앞에서 저주로부터 의롭다 함을 얻는 축복은 우리가 믿기 전이나 믿은 후에 행한 선행 때문이 아니다. 그 행복은 하나님께서 일도 하지 않고 경건치도 않은 자에게 의를 전가하시는 데서 온다. "그 불법을 사하심을 받고 그 죄를 가리우심을 받는 자는 복이 있고"(롬 4:7). 여기서 '사함'과 '가리움'은 긍휼의 결과지, 우리에게 무슨 자격이 있어서가 아니다. 게다가 죄가 존재하는 곳에 완전한 의란 있을 수가 없다. 그런데 의롭다 함을 얻기 위해서는 완전한 의가 필요하다. 따라서 그 의는 우리가 아닌 다른 곳에서 와야 한다. "주께서 그 죄를 인정치 아니하실 사람은 복이 있도다"(롬 4:8).

그렇다면 우리는 하나님의 뜻에 따라 의롭다 함을 얻는 것이다. 자격 여부도 하나님께서 직접 결정하신다. 그렇지 않으면 하나님의 뜻이 절대적이라고 할 수 없을 것이다. 만약 하나님의 뜻이 아닌 우리의 행위로 의롭다 함을 얻을 수 있다면, 하나님은 자신이 원하시는 자를 불쌍히 여기시지 못하고 인간의 의에 좌우되고 말 것이다 (롬 9:15, 18). 따라서 그 일은 반드시 하나님의 뜻, 곧 하나님의 의로만 다스려져야 한다. 그렇기 때문에 "인간은 여전히 죄인의 몸으로 하나님 앞에서 율법의 저주로부터 의롭다 함을 얻는다."

3. 성경 속의 의인들

이제 성경에서 의롭다고 인정받은 인물들을 찾아보자. 또 그들이 무슨 자격으로 그렇게 인정을 받았는지 살펴보도록 하자.

1) 구약의 의인들

첫째, "여호와 하나님이 아담과 그 아내를 위하여 가죽옷을 지어 입히시니라"(창 3:21).

창세기 3장 도입부를 보면, 위 두 사람은 뱀과 이런저런 이치를 따진다. 이어 그들은 금지된 실과를 따 먹고 하나님의 명을 어긴다. 그런 다음 그들은 몸을 숨기며 벗은 몸을 치마로 가린다. 그러나 하나님은 그들의 죄를, 그것이 나무 꼭대기에 있건 뿌리 아래 있건, 찾아내신다(창 3:7-15).

그래서 어떻게 되었는가? 그들은 하나님의 눈에 드는 그 어떤 일도 하지 않았으나 구원의 약속을 받았다. "여호와 하나님이 아담과 그 아내를 위하여 가죽옷을 지어 입히시니라." 이 말씀은 다음과 같은 면에서 참으로 불가사의한 대목이다.

1. 두 사람이 치마를 만들어 입은 후에 가죽옷을 지어 입히셨다. 그것은 그 치마가 하나님 앞에서 그들의 수치를 가리는 데 충분하지 않았다는 증거다.

2. 그 가죽옷은 아담의 본래 의로 지어진 것이 아니라—그 의는 죄로 인해 소멸되었으므로—도살당한 양의 가죽으로 만들어진 것이다. 다시 말해 그리스도의 죽음이 가져온 의로 지은 옷이다. "그가 채찍에 맞음으로 우리가 나음을 입었도다"(사 53:5).

3. 하나님께서 옷을 지어 두 사람을 입히셨다. 그것은 우리 자신의 의가 아닌 그리스도의 공로로 말미암은 의로 우리가 하나님 앞에 서야 함을 의미한다. 즉 그들이 옷을 입은 것이 아니라 하나님께서 입히셨다. 우리는 하나님께로 나서 그리스도 안에 있고, 그리스도의 의는 하나님께로 나서 우리의 의로움이 된 것이다(고전 1:30).

게다가 본문 속의 두 사람의 자질을 보면 반항과 위선이 엿보인다. 하나님의 명령을 어겼으니 반항이요, 자신들의 잘못을 감추려 했으니 위선이다. 그런 점은 신약성경에 잘 나타난다. 따라서 "인간은 여전히 죄인의 몸으로 하나님 앞에서 율법의 저주로부터 의롭다 함을 얻는다."

둘째, "여호와께서 아벨과 그 제물은 열납하셨으나"(창 4:4).

위 본문에서 우리는 사람이 먼저 받아들여져야 한다는 사실을 알 수 있다. "여호와께서 아벨을 열납하셨다." 자신을 먼저 바치지 않으면 그가 바치는 제물 또한 만족스러운 것이 될 수 없다. 제단은 예물을 거룩하게 하고, 성전은 금을 거룩하게 한다(마 23:16-21). 따라서 사람이, 곧 사람의 상태가 제물을 만족스럽게도 또는 경멸스럽게도 하는 것이다. "믿음으로 아벨은 가인보다 더 나은 제사를 하나님께 드림으로 의로운 자라 하시는 증거를 얻었으니"(히 11:4). 아벨은 예물을 바치기 전에 의로운 자였기 때문에 하나님께서 그의 제사를 받아들이셨다.

아벨은 또 믿음으로 제사를 드렸다. 따라서 믿음이 앞서야 한다. 그 믿음은 인간의 의로운 행위가 아닌, 그리스도와 관련이 있다. 아벨은 제사를 드리기 전에, 선행을 하기 전에 의로운 자였다. 그렇지 않았다면 하나님께서 그의 제물에 대해 이렇게 공언하지 않으셨을 것이다. "여호와께서 아벨과 그 제물은 열납하셨으나." 이 말은 하나님께서 그의 예물을 받아들이셨다는 뜻이다. 우리를 하나님 앞에 바로 설 수 있게 해 주는 그 믿음은 주 예수를 통해 죄의 용서가 있으리라는 약속과 관련이 있다. 따라서 의롭다 함을 얻은 아벨의 믿음은 그가 앞으로 할 일을 내다보는 믿음이 아니라, 여자의 후손에게 내려진 약속을 돌아보는 믿음이었다(창 3:15). 그 약속은 지옥의 세력을 말살하고 "율법 아래 있는 자들을 속량"하는 것이다(갈 4:5). 아벨은 바로 그 약속을 믿었으므로 주 예수의 유익과 승리 아래 피난처를 마련할 수 있었다. 그때 하나님은 그를 의롭다고 보셨고, 그런 의로운 상태에서 아벨은 가인보다 더 나은 제사를 하나님께 드릴 수 있었다. 가인은 비록 행위 면에서는 더욱 의로웠을지 모르나, 그 자신이 믿음의 의를 통해 하나님께 인정을 받지 못하고 있었다(창 4장). 아벨은 선행을 하기 전에 의로운 자였다. 그 의로움은 하나님께서 구세주를 통해 약속하신 믿음에 근거했다(창 3;15). 그런데 아벨은 의로운 자로 인정을 받기는 했으나, 율법 아래서는 여전히 죄인의 몸이었다. 그렇지 않았다면 그리스도의 유익에 의지할 필요가 없었을 것이다. 그렇다. 아벨은 제사를 드리기 전에 믿음을 보였다. 그 믿음은 전적으로 하나님의 약속에 근거하는 것이었다. 그 약속은 또 아벨 자신이 아닌, 여자의 후손 곧 그리스도의 공로에 근거하는 것이었다(갈 4:4). 아벨은 바로 그 약속을 믿었다. 즉 그리스도가 뱀의 머리를 부수며 죄와 죽음, 저주와 지옥 등 사탄의 일을 말살하게 되리라고 믿은 것이다. 그는 그리스도에 대한 그런 온전한 믿음으로 하나님 앞에 서서 제사를 드렸다. 그러자 하나님께서는 그 믿음을 보시고 아벨을 흡족하게 생각하시며 그의 제물도 받아들이셨다.

셋째, "여호와께서 그에게 이르시되……큰 자는 어린 자를 섬기리라 하셨더라"(창 25:23).

우리는 위 본문을 통해 하나님의 택하심에 따라 의롭다 함을 얻는다는 사실을 알 수 있다. 그 선택은 에서와 야곱이 채 태어나기도 전에 결정되어 있었다. 여기서 명심할 점은, 그들이 "무슨 선이나 악을 행하지 아니한 때에 택하심"을 받았기 때문에 그런 선택이 그들의 의로운 행위에 근거한 것이 아니라는 사실이다. 만약 행위에 근거한다면, 부르심에 근거하는 '하나님의 뜻'이 바로 서지 못하고 무너지게 될 것이다(롬 9:10-12). 그런데 하나님 앞에 바로 서기 위해서는 온전한 의가 필요했다. 아무런 선행도 하지 않은 야곱에게는 당연히 그런 의가 없었다. 그러니 그 의는 다른 곳에서 와야만 했다. 따라서 "인간은 여전히 죄인의 몸으로 하나님 앞에서 율법의 저주로부터 의롭다 함을 얻는다."

넷째, 솔로몬도 야곱과 같은 경우다. 그는 태어나자마자 하나님의 특별한 사랑을 받았다(삼하 12:24-25). 하나님은 그 사랑을 이렇게 나타내셨다. "선지자 나단을 보내사 그 이름을 여디디야라 하시니 이는 여호와께서 사랑하심을 인함이더라"(삼하 12:25). 솔로몬이 성품이 착해 하나님의 사랑을 받았는가? 천만에, 그는 아직 신생아였다. 따라서 그는 자신의 의가 아닌 다른 의로 하나님 앞에서 율법의 저주로부터 의롭다 함을 얻었던 것이다.

다섯째, "내가 네 곁으로 지나갈 때에 네가 피투성이가 되어 발짓하는 것을 보고 네게 이르기를 너는 피투성이라도 살라 다시 이르기를 너는 피투성이라도 살라 하고"(겔 16:6).

위 본문에 등장하는 사람들의 근본과 행실에 대해서는 같은 장 1-5절에 잘 묘사되어 있다.

그들의 근본은 다른 인간들과 마찬가지로 저주받은 가나안과 같았다(창 9:25; 롬 3:9). "네 아비는 아모리 사람이요 네 어미는 헷 사람이라"(겔 16:3).

그들은 또 물에 씻기시도 않고, 강보에 싸이지도 않고, 소금 뿌림도 받지 못한 채 더러운 상태로 무기력하게 요람에 누워 있었다. 평생 그렇게 피투성이 상태에서 발짓을 하고 있을 때 하나님께서 지나가시며 말씀하셨다. "내가 네 곁으로 지나갈 때에 네가 피투성이가 되어 발짓하는 것을 보고." 이어 '피투성이'란 말이 두 번 반복된다. 그들은 피투성이로 발짓하며 태어나 하나님께서 보실 때까지 그 혐오스러운 짓을 계속하고 있었다. 그런데 그때가 바로 사랑의 시간이었다(겔 16:8). "내가 네 곁으로 지나갈 때에 네가 피투성이가 되어 발짓하는 것을 보고 네게 이르기를 너는 피투성이라도 살라 다시 이르기를 너는 피투성이라도 살라 하고."

질문: 거룩한 하나님께서 어떻게 그런 죄인들에게 살라고 하실 수 있는가?

답변: 그들은 죄밖에 가진 게 없었지만 하나님은 사랑과 의를 가지고 계신다. 하나님은 사랑으로 그들을 불쌍히 여기시며 의로 그들을 덮어 주셨다. "내가 네 곁으로 지나며 보니 네 때가 사랑스러운 때라 내 옷으로 너를 덮어 벌거벗은 것을 가리우고 네게 맹세하

고 언약하여 너로 내게 속하게 하였었느니라"(겔 16:8). 하나님은 사랑으로 그들을 불쌍히 여기시고 옷으로 그들을 덮어 주시며 저주로부터 그들을 구원하셨다. "내가 물로 너를 씻겨서 네 피를 없이 하며 네게 기름을 바르고"(겔 16:9). 뒤이어 성화(정결케 함)가 일어났다. 칭의(의롭다 함), 곧 죄인에게 값없이 내려지는 은혜는 성령이 생명을 부여하기 전에 일어났다. 그들은 씻기지도 않고, 강보에 싸이지도 않고, 소금 뿌림도 받지 못한 채 피투성이 죄인의 몸으로 누워 성화는커녕 그 누구의 동정도 받지 못하고 있었다. "너를 돌아보아 이 중에 한 가지라도 네게 행하여 너를 긍휼히 여긴 자가 없었으므로"(겔 16:5). 다들 꺼리며 누구도 돌아보지 않을 때, 헤아릴 길 없는 은혜를 지니신 분이 그들을 돌아보며 사랑하셨다. 그날 피투성이가 되어 몸부림치고 있는 우리 곁을 지나가신 축복의 하나님이여! 우리가 피 속에 벌거벗은 몸으로 누워 있을 때 찬란한 의의 옷으로 우리를 덮어 주신 축복의 하나님이여! 하나님은 피투성이 우리를 사랑하시며 살라 하셨다. 따라서 "인간은 여전히 죄인의 몸으로 하나님 앞에서 율법의 저주로부터 의롭다 함을 얻는다."

여섯째, "여호수아가 더러운 옷을 입고 천사 앞에 섰는지라"(슥 3:3).

본문에서 여호수아는 재판관 앞에 피고와 같은 모습으로 서 있다. "대제사장 여호수아는 여호와의 사자 앞에 섰고 사단은 그의 우편에 서서"(슥 3:1). 유다도 그런 모습으로 심판을 받았다. "악인으로 저를 제어하게 하시며 대적으로 그 오른편에 서게 하소서"(시 109:6).

여호수아는 죄인의 몸으로 더러운 옷을 입고 사탄을 옆에 세운 채 천사 앞에 서 있었다. 이제 어떻게 해야 하나? 가 버릴 것인가? 아니다. 그는 반드시 거기 서야 했다. 자기변명을 할 수 있을까? 아니다. 죄가 그를 벙어리로 만들어 버렸다(사 53:12). 그에게 깨끗한 구석이 있는가? 아니다. 그는 더러운 옷을 입고 있었다.

여호수아는 그런 모습으로 죄인을 위해 대신 기도하시는 예수 그리스도 앞에 서야 했다. "여호와에서 사단에게 이르시되 사단아 여호와가 너를 책망하노라 예루살렘을 택한 여호와가 너를 책망하노라"(슥 3:2). 그리스도는 죄와 피로 물든 자들을 심판에서 구해 내신다.

그렇다면 여호수아는 이제 무죄인가? 아니다. 그는 아직도 더러운 옷을 입고 있으며, 자신의 힘으로는 그것을 벗을 재간이 없다. 그러면 어떻게 해야 하는가? 하나님께서 그를 새 옷으로 갈아입혀야 한다. 죄는 그의 것이고, 옷은 여호와의 것이다. "이는 여호와의 종들의 기업(基業)이요 이는 그들이 내게서 얻은 의니라 여호와의 말이니라"(사 54:17). 우리는 여기서 여호수아가 어떤 죄를 지었는지는 묻지 않기로 한다. 중요한 것은 그가 더러운 옷을 입고 있었고, 여호와께서 그의 죄를 묻지 않고 새 옷으로 갈아입히셨다는 사실이다. 따라서 여호수아는 그에게 무슨 자격이 있어서 그런 찬란한 옷을 입게 된 것이 아니다. 오른편에는 사탄이 가로막고 있었고, 그 자신은 더러운 옷을 입고 있지 않았는가? "여호수아가 더러운 옷을 입고 천사 앞에 섰는지라 여호와께서 자기 앞에 선 자들에게 명하사 그 더러운 옷을 벗기라 하시고 또 여호수아에게 이르시되 내가 네 죄과를 제하여 버렸으니 네게 아름다운 옷을 입히리라"(슥 3:3-4).

2) 신약의 의인들

첫째, "예수께서 배에 오르실 때에 귀신 들렸던 사람이 함께 있기를 간구하였으나 허락지 아니하시고 저에게 이르시되 집으로 돌아가 주께서 네게 어떻게 큰 일을 행하사 너를 불쌍히 여기신 것을 네 친속에게 고하라 하신대"(막 5:18-19).

위 본문에 등장하는 남자는 귀신 들린 자다. 혹자는 6천에 달하는 귀신 군대가 붙어 있었다고 말한다.

그 귀신들의 힘이 얼마나 막강했던지 남자는 산과 벌판을 떠돌며 무덤 사이에 거하고 있었다(눅 8:27). 또 완전히 정신이 나간 상태에서 제 몸을 해하며 쇠사슬을 끊으며 난동을 부렸으나 누구도 제어할 자가 없었다(막 5:4-5).

그가 예수를 보자, 그의 몸 안에서 주인 노릇 하던 귀신이 울부짖기 시작했다. 그런 상황에서 그 남자가 무슨 자격으로 의롭다 함을 얻을 수 있겠는가? 귀신이나 정신병자의 행위밖에 없지 않은가? 그런데도 하나님께서는 그를 불쌍히 여기셔서 그에게서 귀신들을 쫓아내 주셨고 그 사실을 세상에 알리라는 명을 받았다. "집으로 돌아가 주께서 네게 어떻게 큰 일을 행하사 너를 불쌍히 여기신 것을 네 친속에게 고하라 하신대." 여기서 나는 그가 '택함'을 받았다고 생각한다. "내가 불쌍히 여기고자 하는 자를 불쌍히 여기리라." 그런 택함으로 우리는 아무 자격 없이 의롭다 함을 얻는 것이다.

둘째, "갚을 것이 없으므로 둘 다 탕감하여 주었으니"(눅 7:42).

위 본문은 죄인인 여자가 예수의 발을 씻는 것을 보고 바리새인 시몬이 중얼거리자(눅 7:39) 예수께서 하신 말씀이다. 그리스도는 시몬에게 물었다. "가라사대 빚 주는 사람에게 빚진 자가 둘이 있어 하나는 오백 데나리온을 졌고 하나는 오십 데나리온을 졌는데 갚을 것이 없으므로 둘 다 탕감하여 주었으니 둘 중에 누가 저를 더 사랑하겠느냐"(눅 7:41-42).

자신이 의롭다고 믿는 사람은 죄의 용서라는 교리를 이해하지 못한다. 불쌍한 바리새인이 바로 그런 경우다. 그는 그 여자를 죄인이라는 이유로 멸시했다. 하지만 그리스도는 죄인을 불쌍히 여기시며 긍휼을 베푸신다. 그런데 그 긍휼은 갚을 것이 없는 죄인에게 내려진다. "갚을 것이 없으므로 둘 다 탕감하여 주었으니." 갚을 것이 없는 자는 죄인이다. 그러니 그리스도께서 의로 인간을 용서하실 때 그 의는 다른 자에게서 난 것이어야 한다. 인간은 긍휼을 입는 죄인이기 때문이다. 우리는 빚과 죄만 지고 있어 갚을 것이 없는 자들이다. "그리스도 예수 안에 있는 구속으로 말미암아 하나님의 은혜로 값없이 의롭다 하심을 얻은 자 되었느니라"(롬 3:24). 따라서 "인간은 여전히 죄인의 몸으로 하나님 앞에서 율법의 저주로부터 의롭다 함을 얻는다."

셋째, "예수께서 저희 믿음을 보시고 이르시되 이 사람아 네 죄사함을 받았느니라 하시니"(눅 5:20).

본문에 등장하는 중풍병자에게는 하나님 앞에 바로 설 수 있는 의가 없었다. 그의 죄가 용서받지 못한 채 남아 있었기 때문이다. 따라서 그는 경건하지 못한 상태에서 죄사함을 받은 것이다.

그런데 잘 보라. 본문에서 말하는 믿음은 병자의 것이 아니라 그를 데려온 사람들의 것이다. 또 그들의 목적은 죄사함을 받는 것이 아니라 치료의 기적을 얻는 것이었다. 그런데도 병자는 죄사함까지 받았다.

만일 그 믿음이 병자의 것이고 그가 죄사함을 목적으로 찾아왔다고 치자. 그렇다고 해도 그의 안에 무슨 의가 있어 죄사함이 이루어진 것은 아니다. 그는 여전히 죄인인 상태에서 죄를 용서받았기 때문이다.

그와 같은 은혜는 실로 뜻밖이라고 할 수 있다. 그것은 사람들이 찾아나서는 것이 아니다. "나를 찾지 아니하던 자에게 찾아냄이 되었으며"(사 65:1). 우리가 한 가지를 구하면 그리스도께서 다른 것도 주신다. 우리가 몸을 고치고자 하면 놀랍게도 그리스도께서 우리의 영혼까지 고쳐 주신다. "이 사람아 네 죄사함을 받았느니라."

죄사함은 은혜의 표시다. 그런데 은혜와 행위는 상반되는 것이다(롬 11:6). 따라서 "인간은 여전히 죄인의 몸으로 하나님 앞에서 율법의 저주로부터 의롭다 함을 얻는다."

넷째, "아버지여 내가 하늘과 아버지께 죄를 얻었사오니 지금부터는 아버지의 아들이라 일컬음을 감당치 못하겠나이다"(눅 15:21).

본문에 등장하는 남자의 행실은 같은 장 13절에 잘 나타나 있다. 그는 시간과 재능, 몸과 영혼을 허비하는 방탕한 자였다. 게다가 이방인에게 붙어 돼지를 치며 자기 아버지의 집을 욕보이고 있었다 (눅 15:15-17).

그러다가 그는 결국 정신을 차렸다. 그런데 잘 보라. 그 아들은 자신의 행위로 의를 구하려고 하지 않았고 자신의 사악함을 숨기지도 않았다. 또 아버지 앞에서 변명할 생각도 하지 않고 오직 죄를 고백하리라 결심했다. 그 허랑방탕한 아들은 최악의 상황 속에서 아버지를 찾아와 이렇게 말했다. "아버지여 내가 하늘과 아버지께 죄를 얻었사오니 지금부터는 아버지의 아들이라 일컬음을 감당치 못하겠나이다." 그가 한 말이 사실인가, 아니면 거짓인가? 사실이라면 그는 의롭지 못한 자다. 거짓이라면 그는 자신이 저지른 행위 때문에 아버지 앞에 바로 설 수 없는 것이다. 이어지는 구절에서 그 답을 찾을 수 있다. 그의 아버지는 종에게 지시했다. "제일 좋은 옷을 내어다가―여기서 옷은 의롭다 함을 얻는 의를 가리킨다―입히고 손에 가락지를 끼우고 발에 신을 신기라"(눅 15:22). 아버지의 집에 있는 최고의 옷은 그 방탕한 아들이 마음에 두고 있었던 것이 아니다. 그뿐이 아니다. 아버지는 조금도 주저하지 않고 죄를 범한 아들의 몸에 그 옷을 입혔다. 따라서 "인간은 여전히 죄인의 몸으로 하나님 앞에서 율법의 저주로부터 의롭다 함을 얻는다."

다섯째, "인자의 온 것은 잃어버린 자를 찾아 구원하려 함이니라"(눅 19:10).

위 본문은 앞 절에서 사람들이 "저가 죄인의 집에 유하러 들어갔도다" 하며 수군거리자 예수께서 하신 말씀이다. 그렇다. 그 집은 세리장의 집이었다. 위 본문은 지금 우리가 다루고 있는 내용을 가장 잘 뒷받침한다. 예수께서 나무 위에 올라가 있는 삭개오를 먼저 발견하시고 그의 이름을 부르셨다. "삭개오야 속히 내려오라 내가 오늘 네 집에 유하여야 하겠다"(눅 19:5). 이 말은 바로 9절에서 나타나듯 그의 구원이 이루어졌다는 뜻이다. 그 사실을 믿은 삭개오는 급히 내려와 즐거워하며 예수님을 영접했다(눅 19:6). 그뿐 아니라 그는 자신의 믿음이 진실하다는 증거로 주님과 모든 사람 앞에서 다음과 같이 약속했다. "주여 보시옵소서 내 소유의 절반을 가난한 자들에게 주겠사오며 만일 뉘 것을 토색(討索)한 일이 있으면 사배나 갚겠나이다"(눅 19:8). 그러자 그리스도께서는 사람들 앞에서 다음과 같이 말씀하시며 그의 마음을 갑절로 편안하게 해 주셨다. "오늘 구원이 이 집에 이르렀으니"(눅 19:9). 이어 구원의 전모가 밝혀진다. "인자의 온 것은 잃어버린 자를 찾아 구원하려 함이니라"(눅 19:10). 찾을 때까지 찾고, 찾으면 구원을 하겠다는 말씀이다. "내가 구하지 아니하는 자들에게 찾은 바 되고 내게 문의하지 아니하는 자들에게 나타났노라"(롬 10:20). 삭개오의 경우도 마찬가지다. 예수께서 그 세리장을 먼저 발견하셔서 그가 나무에서 내려오기도 전에 구원을 언급하셨다는 점은 그가 여전히 죄인인 상태에서 구원을 받았다는 뜻이다. 따라서 세리장이 나중에 한 말과 행위는 믿음의 결과라고 볼 수 있다.

여섯째, "예수께서 이르시되 내가 진실로 네게 이르노니 오늘 네가 나와 함께 낙원에 있으리라 하시니라"(눅 23:43).

위 본문은 예수께서 함께 십자가에 매달린 행악자(강도)에게 하신 말씀이다. 그는 평생 악을 행하며 죽기 직전까지는 진심으로 뉘우친 적도 없었다. 게다가 처음 십자가에 매달렸을 때는 그리스도를 욕하기까지 했다. 누가복음은 그의 회심 시점에서 시작하기 때문에 알 수 없으나, 전체 이야기를 소개하는 마태복음에 의하면, 그 강도는 함께 매달린 강도만큼이나 악한 자였다(마 27:44). 그런데 도의라고는 모르던 그가, 평생 하나님의 율법을 어기며 살았던 그가 죽는 순간에 그리스도를 구세주로 믿게 되었다. 그래서 그가 계명을 지키게라도 되었는가? 그가 훔친 물건이 주인에게 되돌아가기라도 했는가? 그는 죽음이 자신이 행한 일에 대한 보응임을 받아들이고 그리스도의 중보에 의지하며 세상을 떠났다. 그는 진심으로 자신의 죄를 고백하고 인정하며, 하나님의 공정한 손길이 곧 자신을 저주하게 되리라는 사실을 알았다. 그런데 하나님의 저주가 내려지려는 바로 그 순간에 그는 의를 얻고자 했다. 또 자신의 힘으로는 그 의를 이룰 수 없음을 알았기에 다른 이, 곧 그리스도께 도움을 요청한 것이다. 따라서 "인간은 여전히 죄인의 몸으로 하나님 앞에서 율법의 저주로부터 의롭다 함을 얻는다."

일곱째, "주여 뉘시오니이까 가라사대 나는 네가 핍박하는 예수라 네가 일어나 성으로 들어가라"(행 9:5-6).

위 본문은 무지함의 극치를 보여 준다. 사울은 예수님이 누구신지 알지 못했고 그가 자신에게 무엇을 시키실 것인지도 몰랐다. 사울은 율법을 지키는 데는 으뜸이요, 하나님에 대한 열성도 대단했으나 예수가 구세주라는 사실도 모르고 그의 뜻과 생각에도 무지했다. "내가 믿지 아니할 때에 알지 못하고 행하였음이라"(딤전 1:13). 즉 사울은 이렇게 말하고 있는 것이다. "나는 그를 알지 못했다. 그가 우리를 구원하리라는 것도 믿지 않았다. 내가 하나님의 율법을 지키면서 의롭게 살면 구원을 받으리라고 믿었다. 그런 생각에 사로잡혀 나는 예수도 모르고, 그분으로 말미암아 저주로부터 의롭다 함을 받는다는 사실도 몰랐다." 불쌍한 사울! 지금도 그렇게 생각하는 자가 얼마나 많은가? 많은 사람이 은혜의 법은 모르고 행위의 법만 열심히 좇는다. 그들은 율법을 지키면서 생명을 얻고자 한다. 그러나 생명은 오직 예수 그리스도를 믿을 때만 얻을 수 있다.

여덟째, "주 예수를 믿으라 그리하면 너와 네 집이 구원을 얻으리라"(행 16:31).

위 본문의 배경은 바울과 실라가 발목이 차꼬에 채인 채 감옥에서 예수 그리스도를 전하는 장면이다. 두 사람은 깊숙한 감방에 갇혀 힘센 간수의 감시를 받고 있었다. 그러던 한밤중에 바울과 실라가 하나님을 찬미할 때 감옥 바닥이 흔들리면서 죄수들을 묶어 두었던 사슬이 다 풀어지는 사건이 일어났다. 감옥이 흔들리는 소리에 놀라 잠이 깬 간수는 죄수들이 모두 도망갔을 것이라 생각하고 검을 빼어 자결하려고 했다. 그러자 "바울이 크게 놀라 소리 질러 가로되 네 몸을 상하지 말라 우리가 다 여기 있노라 하니 간수가 등불을 달라고 하며 뛰어 들어가 무서워 떨며 바울과 실라 앞에 부복(俯伏)하고 저희를 데리고 나가 가로되 선생들아 내가 어떻게 하여야 구원을 얻으리이까 하거늘" (행 16:28-30). 그 감옥을 지키던 간수는 의로움과는 거리가 먼 자였다. 그는 평생 우상을 섬기며 잔혹한 행위를 일삼고 하나님께 적개심을 품고 있었다. 게다가 지진이 일어나 감옥이 흔들렸을 때 그는 마음으로 살인까지 범했다. 그 자신의 몸과 영을 단번에 죽여 버리려고 하지 않았는가?

간수는 영원한 불구덩이에 대한 공포로 떨고 있으면서도 여전히 예수 그리스도를 통한 구원에는 무지했다. "내가 어떻게 하여야 구원을 얻으리이까." 그는 예수를 알지 못했고 무엇을 해야 할지도 몰랐다. 즉 그는 구원을 얻을 수 있는 의도 가지고 있지 않았고 그것을 어떻게 얻는지도 몰랐다. 간수의 물음에 바울은 무엇이라고 대답했는가? "주 예수를 믿으라 그리하면 너와 네 집이 구원을 얻으리라." 따라서 "인간은 여전히 죄인의 몸으로 하나님 앞에서 율법의 저주로부터 의롭다 함을 얻는다."

4. 왜 그리스도의 의가 필요한가?

이제 두 번째 결론—의롭다 함을 얻는 길은, 예수 그리스도의 위격이 오래전에 행하고, 지금도 그분 안에 거하는 의로 말미암는 길밖에 없다—에 들어가기 전에 몇 가지 이유를 들어 앞의 결론을 좀 더 강조하고자 한다.

1) 인간은 타고난 죄인

인간은 여전히 죄인의 몸으로 하나님 앞에서 율법의 저주로부터 의롭다 함을 얻는다. 우리는 날 때부터 모두 죄인이다. "모든 사람이 죄를 범하였으매 하나님의 영광에 이르지 못하더니"(롬 3:23). "하나님이 모든 사람을 순종치 아니하는 가운데 가두어 두심은"(롬 11:32). "성경이 모든 것을 죄 아래 가두었으니"(갈 3:22). 죄를 범했으니 우리의 영육은 이제 불결하고 더러운 것이 되었다. 따라서 우리가 의를 이룰 목적으로 손대는 것마다 모두 불결해질 것이다. 그렇다면 우리가 이루고자 하는 의는 모두 불결한 천이나 더러운 옷에 지나지 않는다. 따라서 우리는 여전히 죄인일 수밖에 없다(딛 1:15; 레 15:11; 사 64:6).

어떤 사람들은 바리새인이 세리보다 더 경건하다고 생각한다. 하지만 하늘의 심판자 하나님의 눈에는 모두가 정죄받을 자들이다. "모든 사람이 죄를 범하였으매." 죄는 독이다. 하나님께서 보시기에 그리스도를 모르는 자들의 목구멍은 열린 무덤인 것이다(마 23:27; 롬 3:13).

세상에는 대체로 두 종류의 죄인이 있다. 공공연한 범법자와 율법의 행위로 생명을 얻으려는 자다.

범법자는 모든 사람이 정죄한다. 그러나 두 번째 종류의 죄인은 정죄하는 사람이 별로 없다. 오! 그런데 하나님께서 그런 자를 심판하신다. 그 이유는 다음과 같다.

첫째, 그는 위선자, 곧 외식하는 자다. 죄를 범했음에도 불구하고 그는 자신이 선하고 의롭다고 믿는다(잠 30:12). 그리스도는 그런 식으로 경건한 자들을 '외식하는 바리새인'이라고 부르신다. 화려한 외양으로 보는 이를 속이기 때문이다. 하지만 하나님은 우리 마음을 아신다(눅 16:15). 우리는 "회칠(灰漆)한 무덤 같으니 겉으로는 아름답게 보이나 그 안에는 죽은 사람의 뼈와 모든 더러운 것이 가득하도다"(마 23:27). 그런 곳에서 그들의 의가 나오는 것이다. 눈먼 바리새인이 자신의 상태가 그런 줄을 알기나 할까? 아니다. 그는 아주 엉뚱한 생각을 한다. "하나님이여 나는 다른 사람들 곧 토색, 불의, 간음을 하는 자들과 같지 아니하고 이 세리와도 같지 아니함을 감사하나이다"(눅 18:11). 그러나 하나님은 그를 위선자로 판단하신다.

둘째, 하나님은 행위를 일삼으며 그리스도를 경멸하는 자를 심판하신다. 사도 바울은 예수 그리스도를 믿게 되었을 때 자신이 과거에 가졌던 의가 훼방이요 핍박이요 포행이었다고 고백했다(딤전 1:13). 그가 자신을 구원하고자 행한 모든 행위는 예수 그리스도의 은혜에 완전히 상반되었기 때문이다(빌 3:7-8; 행 22:3-4, 26:4).

보라, 인간의 의에는 악이 존재한다.

그것은 그리스도의 의를 저주하고 정죄한다.

그것은 인간의 눈을 멀게 하여 자신의 불행을 보지 못하게 한다.

그것은 인간의 마음을 강퍅하게 하여 구원을 얻지 못하게 한다.

셋째, 하나님은 그를 미련하다고 욕하는 자들을 심판하신다. "십자가의 도가 멸망하는 자들에게는 미련한 것이요"(고전 1:18). 공로를 일삼는 자들이 하는 말을 들어보라(나는 그런 말을 수없이 들었다). "다른 이의 순종으로 말미암아 생명을 얻는다고?" "십자가에서 흘리고 땅에 떨어져 흙 속으로 사라져 버린 그 피를 믿으란 말인가?" 그들은 그렇게 조롱을 하며 비틀거리다가 결국 올가미에 걸려 구원이 아닌 정죄의 길로 들어선다(사 8:14). 자신들의 불결한 의를 정당화하기 위해 공의로운 하나님을 욕보였기 때문이다.

모두가 죄를 범하고, 모두가 부정하고, 인간이 지닐 수 있는 최고의 의가 훼방, 핍박, 포행이라면, 또 바리새인들이 그들의 의로 말미암아 위선자로 불리고 복음의 반대자로 비난을 받으며 독생자를 세상에 보내신 하나님을 미련하다고 판단한다면, 가장 훌륭한 인간도 여전히 죄인의 몸으로 하나님 앞에서 저주로부터 의롭다 함을 얻어야 한다. 그 역시 하나님께서 보시기에 죄인이며, 그의 마음 또한 오염되었기 때문이다. "주 여호와 내가 말하노라 네가 잿물로 스스로 씻으며 수다한 비누를 쓸지라도 네 죄악이 오히려 내 앞에 그저 있으리니"(렘 2:22). 그의 죄가 하나님 앞에 그대로 있는 것이다. 따라서 하나님은 세상의 어떤 의도 끔찍한 죄악으로 보시며 그리스도에 맞서는 가장 큰 적으로 판단하신다. "이 포도나무는 소돔의 포도나무요, 이 포도송이는 고모라의 포도송이라 이 포도는 쓸개즙의 포도이니 그 열매가 쓰구나 그것은 용의 독이요, 잔인한 살모사의 독이라"(마 3:7, 23장). 그러므로 세례 요한이 바리새인과 사두개인을 독사의 자식들이라고 부르며 그들이 지옥의 저주를 벗어날 가망성은 희박하다고 책망한 것은 지극히 당연한 일이다. 모든 죄 중에서 특히 인간의 의는 예수 그리스도에 대적하기 때문이다.

2) 율법의 부당한 요구

인간은 죄인의 몸으로 하나님 앞에서 저주로부터 의롭다 함을 얻는다. 이에 대한 두 번째 이유는 율법의 부당한 요구 때문이다. 인간의 선행이 거룩한 근본에서 나와 선행 중의 선행이라 할지라도 율법의 요구는 여전히 그 선행을 초월한다. 따라서 인간은 하나님의 심판 앞에 계속 죄인으로 남을 수밖에 없다(벧전 2:5; 계 7:14-16; 히 13:8). 거룩한 자들은 율법을 통한 예물이 아니라 오직 그리스도를 통해 하나님 앞에 바로 선다. 그들은 자신뿐 아니라 그들의 신령한 직분조차 하늘의 주권자가 받아들이지 않으시리라는 사실을 잘 안다.

율법은 완벽하게 신성하고 훌륭하기 때문에 행위와 태도 면에서 최소한의 잘못도 용납하지 않는다. "누구든지 율법책에 기록된 대로 온갖 일을 항상 행하지 아니하는 자는 저주 아래 있는 자라"(갈 3:10). "누구든지 온 율법을 지키다가 그 하나에 거치면 모두 범한 자가 되나니"(약 2:10). "악을 행하는 각 사람의 영에게 환난과 곤고가 있으리니 첫째는 유대인에게요 또한 헬라인에게며"(롬 2:9).

잘 보라. 율법은 우리에게 그것을 지키는 시기에 대해 선택권을 주지 않으며, 죄를 짓기 전에, 즉 율법을 어기기 전에 행위와 태도 면에서 온통 순종할 것을 요구한다(요 3:18). 그런데 우리가 율법을 따르기 전에 이미 죄를 지었다면 우리는 범죄자로 낙인이 찍혀, 이후 행하는 의로운 행위는 율법이 정죄한 죄인의 의밖에 되지 않는다. "우리가 율법은 신령한 줄 알거니와 나는 육신에 속하여 죄 아래 팔렸도다"(롬 7:14).

게다가 완전무결한 율법은 행위와 태도뿐 아니라 근본, 즉 그 행위와 태도가 비롯되는 마음까지 간섭한다. 따라서 보이는 부분이 아무리 훌륭하더라도 그 마음에 오점이 있으면 모든 것이 더러워진다. "네 마음을 다하고 목숨을 다하고 뜻을 다하고 힘을 다하여 주 너의 하나님을 사랑하라"(막 12:30). 마가는 여기서 '다하다' 라는 말을 네 번이나 되풀이했다. 마음을 다하고 목숨을 다하고 뜻을 다하고 힘을 다하지 않으면 우리가 행한 일이 모두 무익해진다. "그 마음의 생각의 모든 계획이 항상 악할 뿐"(창 6:5). 모든 계획과 뜻과 마음이 악하니 근본이 착할 리가 없다. "만물보다 거짓되고 심히 부패한 것은 마음이라 누가 능히 이를 알리요마는"(렘 17:9). 그러니 우리의 생각과 언행이 완벽한 율법 앞에서 어찌 깨끗하다는 소리를 들을 수 있겠는가? 불가능하다. 따라서 "인간은 여전히 죄인의 몸으로 하나님 앞에서 저주로부터 의롭다 함을 얻는다."

이 문제에 대해 조금 더 생각해 보자. 죄인인 인간이 왜 율법으로는 하나님 앞에 바로 설 수 없는 것일까? 거기에는 여러 가지 이유가 있다.

첫째, 율법은 우리를 죄 아래 두며, 그 죄는 율법 아래 있는 우리를 다스린다(롬 6:14). 즉 죄책감과 더러움이 우리를 다스리는 것이다. 우리가 저주 아래 있으니 죄책감이 우리를 다스리는 셈이요, 율법은 우리에게 능력을 주지 않고 우리 또한 자신의 영을 구할 능력이 없으니 더러움이 우리를 다스리는 셈이다. 그런 이유로 율법은 천하고 약하고 무익한 것으로 불리며, 의무를 강요할 뿐 능력을 주지 않는다(갈 3:2, 4:9). 율법은 완전한 의무를 요구하며 마음으로 행할 것을 바라나, 마음은 그 일을 행하지 않으려고 한다(롬 8:3). 그러면 율법은 빈말이 된다(히 12:14). 말에는 의지와 생명력이 부족하듯, 행위의 법도 마찬가지다. 따라서 인간은 여전히 죄인으로 남는다.

둘째, 율법은 우리에게 그것을 지킬 의지나 능력을 주기는커녕, 죄인을 무기력하게 만들고 낙담시키며 용기를 잃게 한다. 특히 율법이 그 영광을 드러낼 때는 죽음을 불러오며 온 세상을 멸망시킨다. 그것을 본 이스라엘 백성들은 주어진 계명을 지킬 수 없었기 때문에 하나님에게서 도망쳤다. 그 광경이 얼마나 끔찍했던지 모세는 "내가 심히 두렵고 떨린다"라고 말했다(참고. 출 20:18; 히 12:21). 그런데 40년 뒤, 그 자신과 이스라엘 백성들이 여태 살아 있는 것을 보고 모세는 놀라움을 금치 못했다. "어떤 국민이 불 가운데서 말씀하시는 하나님의 음성을 너처럼 듣고 생존하였었느냐"(신 4:33).

자신의 행위를 뽐내는 자는 율법의 음성을 듣지 못한다. 그러나 율법이 입을 열면 시내 산이 흔들리고 온 얼굴에 죽음의 그림자가 드리워진다. 그때 여호와의 백성들은 "중보자여! 우리가 죽겠나이다" 하며 통곡할 수밖에 없었다(출 20:19; 신 5:25-27, 18:15, 19).

율법은 그런 식으로 우리를 낙담시키며 죄를 더욱 불어나게 만든다.

1. 죄는 율법으로 말미암아 존재하고 역사한다(롬 7:5). "율법이 없는 곳에는 범함도 없느니라"(롬 4:15).

2. 죄는 율법으로 말미암아 그 생명을 유지한다. "계명이 이르매 죄는 살아나고"(롬 7:9). "법이 없으면 죄가 죽은 것임이니라"(롬 7:8).

3. 죄는 율법으로 말미암아 늘어난다. "율법이 가입(加入)한 것은 범죄를 더하게 하려 함이라"(롬 5:20).

4. "죄의 권능은 율법이라"(고전 15:56).

5. "계명으로 말미암아 죄로 심히 죄 되게 하려 함이니라"(롬 7:13). "그런즉 우리가 무슨 말 하리요 율법이 죄냐 그럴 수 없느니라 율법으로 말미암지 않고는 내가 죄를 알지 못하였으니 곧 율법이 탐내지 말라 하지 아니하였더면 내가 탐심(貪心)을 알지 못하였으리라 그러나 죄가 기회를 타서 계명으로 말미암아 내 속에서 각양 탐심을 이루었나니 이는 법이 없으면 죄가 죽은 것임이니라"(롬 7:8).

그런데 이 모든 일이 율법 자체 때문에 일어나는 것은 아니다. 문제는 율법이 그에 반대되는 것을 만났을 때 생긴다. "율법은 신령한 줄 알거니와 나는 육신에 속하여"(롬 7:14). 즉 육신이 율법의 요구를 거부하며 반항한다. 쇠를 부싯돌에 치면 불꽃이 내 쪽으로 튀듯, 율법을 육신의 가슴에 치면 죄가 생기고 불어나 더욱 힘을 얻는다. 그러면 온갖 의심과 불평의 소리가 하나님의 백성들 가슴에서 흘러나온다. 그들은 율법의 요구를 의식하며 온갖 의무를 자신의 육체에 부과한다. 그러다 보니 잡음이 들리고 죄가 보이고 유혹 앞에서 우리의 영이 공포를 느끼는 것이다.

따라서 율법이 육신과 관계할 때 인간은 더욱 심각한 죄인이 된다. 마음이 처음에는 뒷걸음질 치다가 이어 불경스럽게 대항을 하고 결국 절망상태에 빠져 든다. 거기서 더 이상 희망이 없다는 판단 하에 사악하고 불결한 인생의 길을 걷다가, 은총의 기적이 일어나지 않는 한, 죽어 지옥에 가는 것이다. 따라서 "인간은 여전히 죄인의 몸으로 하나님 앞에서 저주로부터 의롭다 함을 얻는다."

셋째, 율법은 우리에게 그것을 지킬 의지나 능력을 주지 않을 뿐 아니라, 그것을 어겼을 때 뉘우칠 기회도 주지 않는다. "지키면 살고, 어기면 죽는다." 그것이 바로 율법의 목소리다. 율법을 지키는 자가 할 수 있는 회개라고는 가인이나 유다처럼 홀로 뉘우치거나 세상 근심을 하다가 죽는 것이다(고후 7:10). 그와 같은 회개는 이 세상이나 지옥에서만 행해질 뿐이다.

넷째, 율법은 아무것도 주지 않기 때문에 아무도 받아들이지 않는다(갈 5:9). "죄를 범하고 죽어라." 이것이 바로 율법이 평생 하는 말이다. 율법에는 중도가 없다. 누구든지 율법 앞에서 심판을 받아야 한다. 그래서 결국 가인은 떠돌이 생활을 하게 되었고, 유다는 목을 맸다. 그들은 율법 아래 거꾸로 떨어진 것이다(창 4:9-11; 마 27:3). 율법은 누구도 그냥 넘기지 않는다. 듣는 귀도 없고, 회개하는 자를 불쌍히 여기는 마음도 없기 때문이다.

다섯째, 하나님은 율법의 잣대로 긍휼을 베푸시는 분이 아니다. "나는 불의한 자들을 불쌍히 여기리라." 이것이 바로 새 언약의 취지다(히 8:9-10). 하나님은 우리를 율법의 눈으로 바라보지 않으실 것이라고 말씀하신다.

여섯째, 율법에 부가된 모든 약속은 최초의 죄로 인해 무효가 되었다. 어떤 이가 천 년의 곱절을 살면서 평생 동안 율법을 다 지켰다 하더라도 그는 최초의 죄를 지었기 때문에 의로운 자가 아니다. 그런데 율법주의자들은 경솔하게 율법으로 생명을 얻을 수 있다는 말을 한다. 처음부터 죄를 범하지 않은 상태에서 죽는 날까지 그렇게 산다면, 그래서 하나님께서 그리스도가 아닌 행위로 말미암아―은혜의 언약에 어긋나는 길이기는 하지만―그들을 구원하신다면 아마 그때 그들은 천국 소망을 이룰 수 있을지도 모른다.

이제 결론을 내리자면, 우리는 모두 죄를 범했으며 율법은 우리의 내적, 외적 순종만이 아니라 율법을 기꺼이 지킬 것을 요구한다. 그런데도 율법을 따르고 싶은가? 그렇다면 율법을 성취하고 죽는 날까지 완벽하게 살다가 지옥에 가서 저주를 받도록 하라. 거기서 율법과 저주가 만족할 때까지 지내면 그때는 아마 율법으로 말미암아 생명을 얻을 수 있을 것이다.

율법 아래 살고자 하는 이들이여 말해 보라. 율법의 계명을 지키며 그 요구를 마음에 받아들일 수 있겠는가? 하나님의 심판에 대적할 수 있겠는가? 하나님과 씨름을 할 수 있겠는가? 하늘을 지으시고 천사들을 영원한 사슬에 묶어 두신 분보다 더 강해질 수 있겠는가? "내가 네게 보응(報應)하는 날에 네 마음이 견디겠느냐 네 손이 힘이 있겠느냐 나 여호와가 말하였으니 이룰지라"(겔 22:14). 물론 그럴 수 없을 것이다! "저희는 영벌(永罰)에……들어가리라 하시니라"(마 25:46). 따라서 "인간은 여전히 죄인의 몸으로 하나님 앞에서 저주로부터 의롭다 함을 얻는다."

질문: 그런데 사도 바울은 "율법을 행하는 자라야 의롭다 하심을 얻으리니"(롬 2:13)라고 했다. 이 말은 율법을 행함으로써 하나님 앞에 바로 설 수 있다는 의미가 아닌가? 그렇다면 그리스도는 단지 우리의 본보기로서 율법을 성취하셨는가?

대답: "율법을 행하는 자라야 의롭다 하심을 얻으리니"라는 말은 결과적으로 사실이 아니다. 그럴 가능성이 없기 때문이다. "율법의 행위로서는 의롭다 함을 얻을 육체가 없느니라"(갈 2:16). 따라서 위 본문은 행위로 구원이 가능하다는 것을 말하는 것이 아니라, 율법이 어떤 완벽함을 요구하는지 강조함으로써 오히려 그것이 불가능함을 암시한다. 만약 누군가가 인간의 의가 구원의 자격으로 충분하다고 주장한다면, 나는 이런 말씀으로 반박할 것이다. "하나님 앞에서는 율법을 듣는 자가 의인이 아니요"(롬 2:13). 따라서 율법을 어기는 자는 하나님 앞에서 의인이 아니다. 즉 율법으로는 의인이 될 수 없다. 우리가 모두 율법의 죄를 범했다면, 율법은 우리를 정죄할 것이다. 그렇다면 그 율법은 우리를 하나님 앞에 바로 세울 수 없게 된다. 여기서 사도 바울이 이렇게 말했다면 어떠했을까? "그 모든 것을 행하는 자에게 복이 있을지라." 저주를 선언하는 대신, 그런 말을 했다고 해도 결과는 마찬가지다. 축복이 내려진다 해

도 율법을 좇는 자가 좇지 않는 자보다 유리할 것이 없으며, 저주가 내려진다 해도 율법을 좇지 않는 자가 좇는 자보다 불리할 것이 없기 때문이다.

그러므로 율법 안에서 축복과 저주는 인간이 율법 앞에서 바로 설 수 있음을 제시하는 것이 아니라, 율법의 완벽함을 내세우기 위한 것에 지나지 않는다. 축복이 거기에 살짝 끼어들기는 했지만 그 축복을 얻을 자는 아무도 없다. "하나님 앞에서는 율법을 듣는 자가 의인이 아니요 오직 율법을 행하는 자라야 의롭다 하심을 얻으리니." 행하는 자라야 하나님 앞에서 의롭다 함을 얻을 수 있으나, 문제는 아무도 율법을 완벽하게 행할 수 없다는 사실이다(롬 3:10-11). 따라서 누구도 하나님 앞에서 율법으로 의인이 될 수는 없다.

결과적으로 그리스도께서 우리의 본보기로 율법을 지키셨으니 우리도 그것을 지킴으로써 천국에 갈 수 있다는 생각은 잘못된 것이다. "그리스도는 모든 믿는 자에게 의를 이루기 위하여 율법의 마침이 되시니라"(롬 10:4). 즉 그리스도께서는 율법을 완전히 마무리 하셨다.

위 문제에 대해 좀 더 생각해 보기로 하자. 그리스도처럼 처음부터 죄를 범하지 않거나 그리스도처럼 신이자 인간이면 모르지만, 그렇지 않은 이상 우리는 그 누구도 그리스도처럼 도덕법을 지킬 수는 없다.

따라서 그리스도께서는 율법으로 생명을 얻는 일에 있어 우리의 본보기가 되실 수 없는 것이다. 그와 우리 사이에는 큰 차이가 있기 때문이다. 그리스도보다 약한 우리가 그가 하신 일을 할 수 있다면 우리가 그 위에 있다는 말인가? 그리하여 혹시 우리 삶이 그에게 본보기가 된다면, 전적으로 율법을 행하신 그리스도와 미약하게 행하는 우리 중에 누가 더 위대하다는 말인가? 만약 우리가 그리스도처럼 율법을 성취할 수 있다면 물론 우리가 더 위대한 셈이다. 우리는 어쩌면 그의 스승이라 불릴 수도 있을 것이다. 하지만 하늘의 천사들이라고 해도 우리처럼 최초의 죄를 범한 상태에서는 그리스도처럼 율법을 성취할 수 없다.

그런데 그리스도께서 만약 우리에게 율법 준수의 본보기가 되신다면, 그는 그 자신을 위해 율법을 성취하셨다는 결론이 나온다. 그렇다면 그는 율법을 성취하시기 전에 불완전한 자였다는 말이다. 그 말이 얼마나 불경스러운지는 신실한 기독교인이라면 다 알 것이다. 그리스도께서 이루신 의는 죄로부터 의롭다 함을 얻기 위해서였다. 그런데 그 의가 우리를 죄로부터 의롭다 하는 것이 아니라면, 누구를 죄로부터 의롭다 한다는 말인가?(단 9:26; 사 53:8-10)

인간이 율법을 준수한 적이 있었는가? 처음 시작했을 때는 아닐 것이다. 이미 죄를 지은 상태였으니까. 중간도 아닐 것이다. 옆길로 벗어난 적이 있었을 테니까. 만약 꼭 한번 악한 생각을 품었다면 어떨까? 하나님과 의로운 관계가 될 수 있는 자가 과연 있을까? 있다면 그것은 그리스도일 것이다. 없다면 그리스도 외에 율법을 성취할 자는 없는 것이다.

물론 불가능한 일이기는 하지만, 율법으로 의롭다 함을 얻을 수 있다고 치자. 그자는 이제 하나님의 눈에 들 수 있을까? 아니다. 그런 완벽함으로 인해 오히려 하나님의 사랑과 긍휼에서 멀어지게 된다. "율법 안에서 의롭다 함을 얻으려 하는 너희는 그리스도에게서 끊어지고 은혜에서 떨어진 자로다"(갈 5:4). 바울은 그 말을 실제로 율법을 행하고 있는 자들이 아닌, 율법을 이루었다고 믿는 자들에게 하면서, 그로 인해 그들이 얻은 것은 하나님의 눈 밖에 난 것이라고 지적했다. 은혜에서 떨어진 자들에게는 그리스도가 아무런 유익이 되지 않는다. 그러니 그런 자들은 계속 율법 전체를 성취해야 한다.

따라서 그들은 하나님의 은혜도, 그리스도의 공로도 아닌, 율법의 행위로 구원을 받을 수밖에 없다. 그렇게 구원을 받은 자가 은혜와 긍휼이 다스리고 선물로 주어지는 왕국에서 무엇을 할 것인가? 그런 자가 예수 그리스도의 구속을 통해 은혜로 말미암아 구원을 받은 자들 속에서 무엇을 할 것인가? 그들은 마땅히 은혜에서 떨어진 자들을 위해 준비된 왕국에 가야 할 것이다. "계집종과 그 아들을 내어 쫓으라 계집종의 아들이 자유하는 여자의 아들로 더불어 유업을 얻지 못하리라"(갈 4:30).

이제 성경 구절을 인용하여 위의 문제를 좀 더 자세히 살펴보기로 하자.

1. "율법 행위에 속한 자들은 저주 아래 있나니"(갈 3:10).

바울은 대담하게 주장했다. '율법에 대해 죄를 지은 자'가 아닌, '율법 행위에 속한 자'가 저주 아래 있다는 것이다. 그렇다면 율법 행위란 무엇인가? 그것은 우상숭배나 살인이나 도적질과 같은 행위가 아니라, 바로 십계명에 등장하는 거룩하고 훌륭한 행위를 일컫는다. 즉 하나님을 사랑하고, 우상을 멀리하며, 하나님의 이름을 거룩히 여기고, 안식일을 지키며, 부모를 공경하고, 간음, 살인, 도적질, 거짓 증거를 행하지 말며, 이웃의 소유를 탐내지 않는 것이다. 그런데 바울은 그런 율법 행위에 속한 자들이 저주 아래 있다고 주장했다. 여기서 '속한다' 라는 말은 그 행위들을 실천하며 거기에 의지함을 말한다. 그런데 그런 자가 저주 아래 있게 되는 까닭은 율법의 행위 자체가 사악해서가 아니라, 행하는 자가 율법의 까다로운 요구를 온전히 만족시킬 능력이 없기 때문이다. 그러니 자신의 부족함 때문에 죽는 것이다(롬 2:17).

2. "하나님 앞에서 아무나 율법으로 말미암아 의롭게 되지 못할 것이 분명하니 이는 의인이 믿음으로 살리라 하였음이니라"(갈 3:11).

여기서 "의인은 믿음으로 살리라"라는 말은 원래 구약성경에서 인용한 것이다. 사도 바울은 신약성경에서 그 말을 세 번 사용했다. 복음은 믿음으로만 이해할 수 있다는 점을 강조하기 위해서다.

"복음에는 하나님의 의가 나타나서 믿음으로 믿음에 이르게 하나니 기록된바 오직 의인은 믿음으로 말미암아 살리라 함과 같으니라"(롬 1:17).

"오직 나의 의인은 믿음으로 말미암아 살리라"(히 10:38).

따라서 시험이 닥칠 때 위안을 얻을 수 있는 길은 믿음으로 사는 것이다. "의인은 믿음으로 살리라."

위 본문은 인간이 아무리 거룩하고 의롭더라도 하나님 앞에서는 율법으로 인해 죽은 몸이라는 사실을 말해 준다. "하나님 앞에서 아무나 율법으로 말미암아 의롭게 되지 못할 것이 분명하니 이는 의인이 믿음으로 살리라 하였음이니라." 여기서 '의인'이라는 말은 '의로운 자' 또는 '율법으로 뽐내는 자'를 가리킨다.

그런 자는 다음 두 가지 관점에서 바라볼 수 있다.

첫째, 인간 앞에서 그는 어떤 자인가?

둘째, 하나님 앞에서 그는 어떤 자인가?

그는 인간 앞에서는 회심 이전의 바울처럼 율법을 행하는 의로운 자다(빌 3:4). 그러나 하나님 앞에서는 그리스도의 믿음이 없다면 의로운 자가 아니다. 의인은 율법을 행하며 자신의 정의나 의로 살지 않기 때문이다. 이것이 바로 위 본문 말씀의 참뜻이다.

그런데 "하나님 앞에서 아무나 율법으로 말미암아 의롭게 되지 못할 것이 분명하니"라는 말은 그런 자가 생명도 얻을 수 없으리라는 점을 암시한다. 의인은 믿음으로 사는 것이니만큼, 그리스도에 대한 믿음 없이 정의만 가진 자는 생명을 얻을 수 없는 것이다.

지금까지 내가 한 말은 율법으로 생명을 얻으려는 행위를 당장 그만두라는 뜻이 아니다. 마치 사도 바울이 이런 말을 한 것처럼 말이다. "갈라디아인들이여! 무얼 하고 있느냐? 율법을 지킴으로써 구원을 받을 줄 아느냐? 그것으로 하나님 앞에서 바로 설 수 있을 줄 아느냐? 선지자들이 한 말을 듣지 못했는가? 그들이 그리스도 안의 믿음을 강조하며 그 믿음으로 생명을 얻으리라고 한 말을 듣지 못했는가?"

우리가 율법을 온전히 사랑했다고 해도 우리는 생명을 얻지 못한다. "의인은 믿음으로 말미암아 살리라." 또 우리가 율법을 잘 지켜 세상 누구도 우리를 비난할 수 없다고 해도 하나님 앞에서 의롭다고 말할 수 없다. 행위로는 하나님 앞에서 살 수가 없다. 의인은 믿음으로 살기 때문이다. 그러면 왜 하나님 앞에서 살 수 없는가? 그것은 우리가 최선을 다하고 세상이 우리를 의롭다고 칭찬을 해도 하나님은 마음의 죄를 보시기 때문이다. "하나님은 그 종이라도 오히려 믿지 아니하시며 그 사자라도 미련하다 하시나니"(욥 4:18). "하나님은 그 거룩한 자들을 믿지 아니하시나니 하늘이라도 그의 보시기에 부정하거든"(욥 15:15). 따라서 그리스도에 대한 믿음 없이 의로운 자는 자신의 의 속에서 죽어야 한다. "하나님 앞에서 아무나 율법으로 말미암아 의롭게 되지 못할 것이 분명하니 이는 의인이 믿음으로 살리라 하였음이니라"(갈 3:11). 율법은 믿음에 속하지 않는다.

3. "우리는 본래 유대인이요 이방 죄인이 아니로되 사람이 의롭게 되는 것은 율법의 행위에서 난 것이 아니요 오직 예수 그리스도를 믿음으로 말미암는 줄 아는 고로 우리도 그리스도 예수를 믿나니 이는 우리가 율법의 행위에서 아니고 그리스도를 믿음으로써 의롭다 함을 얻으려 함이라 율법의 행위로서는 의롭다 함을 얻을 육체가 없느니라"(갈 2:15-16).

위 본문은 초대 교회 때 고참 기독교인들이 한 말이다. 그들은 과거에 율법으로 생명과 천국을 얻고자 했던 이들로서 믿는 유대인, 곧 본래 유대인들을 말한다. 그러면 그들은 이방인과 어떻게 달랐을까? 그들은 율법에 의지하며, 하나님을 뽐내고 그의 뜻을 이해하며, 지극히 선한 것을 추구하는 소경의 인도자요, 어둠 속에 있는 자의 빛이요, 어리석은 자의 스승이요, 어린아이의 선생으로 지식과 율법의 진리를 깨달은 자들이었다(롬 2:17-20).

누가복음 18장의 바리새인은 기도하고 금식하며 소득의 십일조를 바쳤다(눅 18:11-12). 어떤 관원은 "이것은 내가 어려서부터 다 지켰나이다"라고 말했다(눅 18:21). 사도 바울은 자신이 "율법의 의로는 흠이 없는 자"였다고 고백했다(빌 3:6). 이것이 바로 타고난 유대인의 모습—행하고 의지함—이었다. 그런데 이들은 나중에 죄와 본성의 타락, 율법의 요구를 깨닫게 되면서 율법에서 도망쳐 생명을 얻기 위해 주 예수께로 나아왔다. "우리는 이제 그런 것들을 다 알게 되었다. 하나님에 대해서도 배웠다. 그런데 슬픈 경험 끝에 그 사실을 알게 되었다. 그래서 우리 유대인들조차 이제 예수 그리스도를 믿는다. 율법의 행위가 아닌 그리스도의 믿음으로 의롭다 함을 얻기 위해서다."

만약 율법으로 의를 이룰 수 있다면 이방인 죄인들보다 훨씬 나은 조건을 갖추고 있었던 바울과 유대인들은 벌써 의를 이루었을 것이다. 그러나 그들조차 복음을 듣는 순간 율법을 떠나 그리스도께 달려갔다. 율법의 행위가 아닌 그리스도를 믿음으로 의를 얻기 위해서였다.

결론을 내리자면, 만약 의로운 자들이 율법으로는 생명을 얻을 수 없어 복음을 듣는 순간 그 율법을 떠나게 된다면, 율법 안에는 분명히 의가 없는 것이다. 그렇다면 과연 무엇이 그들을 하나님 앞에서 저주로부터 의롭다 할 수 있겠는가?

이제 다음과 같은 말로써 둘째 이유를 마무리하고자 한다. "인간은 여전히 죄인의 몸으로 하나님 앞에서 저주로부터 의롭다 함을 얻는다."

3) 율법의 효력 상실

하늘 아래 그 누구도 율법이나 자신의 행위로는 의롭다 함을 얻을 수 없는 또 다른 이유는, 죄가 세상에 생겨난 이래 하나님께서 율법이나 그 행위로는 생명을 얻을 수 없게 하셨기 때문이다(롬 7:10).

인간이 죄를 짓기 전에는 율법이 생명에 이르는 길이었다. 그런데 죄가 들어서면서 사랑의 하나님은 은혜를 약속하셨다. 따라서 하나님께서 세우신 율법은 이제 육신을 정죄하는 것이 되었다. 약속과 율법은 나란히 거하는 가운데, 한쪽은 죽이고, 다른 쪽은 치료하는 역할을 한다. 그러니 율법이 약속에 대적하는 것은 아니다(갈 3:21). 그런데 율법을 의롭다 하는 존재로 보게 되면 믿음은 헛것이 되고 약속은 무익해진다(롬 4:14). 즉 영원불멸의 복음을 세상 밖으로 쫓아내는 격이 된다.

하나님은 율법의 연약함과 무익함 때문에 율법을 거부하시며, 그것을 지키는 우리의 허물을 보시기 때문에 이런 말씀을 하셨다. "날이 이르리니 내가 이스라엘 집과 유다 집으로 새 언약을 세우리라"(히 8:8). 그러므로 하나님께서 우리의 허물을 보시고 우리의 행위를 죽음으로 정죄하셔도 괜찮은 것이다. 우리를 위해 복음으로 인한 더 좋은 것을 마련해 놓고 계시기 때문이다. 만약 하나님께서 우리를 기쁘게 받아들이신다면, 그것은 우리 안에서 하나님 자신의 의를 발견하신 까닭이다.

그런데 우리의 마음은 율법으로 생명을 찾으려고 우왕좌왕한다. 이제 마음을 그렇게 만드는 여섯 가지 세력에 대해 경고를 하고자 한다. 누구든지 저 세상에서 행복을 얻고자 한다면 이 여섯 가지를 잘 명심하길 바란다.

첫째, 율법이 하나님의 이름과 위엄을 드러낸다고 해서 율법으로 생명을 얻으려고 해서는 안 된다. 물론 하나님께서 율법의 내용을 직접 말로 이르시며(출 20:1), 엄청난 공포와 위엄 가운데 벌벌 떨고 있는 자들에게 그것을 넘겨주셨다. 그러니 일부 사람들에게는 율법이 생명과 기쁨을 가져다줄 수 있는 막강한 권위를 지닌 것으로 보일 것이다. "하나님이 모세에게 말씀하신 것을 우리가 알거니와"(요 9:29). 사도 바울 역시 한때 하나님에 대한 열심 때문에 그리스도를 알지 못했다(행 22:3). 그는 율법을 좇으며 하나님을 열심히 섬겼으나 후에 그는 더 나은 길을 찾았기 때문에 그런 열심을 저버렸다. 바울은 자신이 한때 율법으로 살았으나 이제는 그리스도를 믿음으로 산다고 말했다(갈 2:20). 그 말은 율법이 비록 하나님이 세우시고 그의 이름과 위엄을 드러내고는 있으나, 더 이상 율법으로는 살지 않을 것이라는 뜻이다. 하나님은 율법 안에 공의롭고 거룩한 분으로 거하신다. 하지만 거기에는 은혜롭고 자비로운 하나님의 모습은 없다. 그런 하나님은 예수 그리스도 안에 계신다. "율법은 모세로 말미암아 주신 것이요 은혜와 진리는 예수 그리스도로 말미암아 온 것이라"(요 1:17). 따라서 율법이 하나님의 이름과 위엄을 드러낸다 해도 그 안에는 은혜와 긍휼이 부재하므로, 율법의 거룩한 계명을 통해 생명을 얻으려고 해서는 안 된다.

둘째, 율법이 우리의 양심을 통해 하는 말, 곧 율법으로 생명을 얻으라는 말에 넘어가서는 안 된다. 인간의 마음은 율법이 안주하는 터전과 같다. 따라서 우리의 지각과 양심은 쉽게 율법의 노예가 된다. 다시 말해 우리 스스로 율법이 되어 율법의 내용을 가슴 깊이 새기는 것이다(롬 2:13-15). 그렇게 되면 율법은 인간과 아주 가까워져 손쉽게 우리의 지각과 양심을 조종할 수 있게 된다. 그때 재빨리 복음의 약속과 은혜로 그 상태를 벗어나지 않으면 율법의 노예가 될 수밖에 없다. 양심은 그런 것이다. 인간이 일단 교리에—그것이 설령 우상의 교리라고 할지라도(고전 8:6-7)—사로잡히게 되면 그 교리는 우리 양심에 달라붙어 하늘에서 내려오는 손이 아니고서는 도저히 끊을 수가 없게 된다. 그것이 끊어지지 않는 한 복음을 받아들일 수 없다. 양심은 우리가 그 소리에 귀를 기울이지 않고 옆길로 어긋나면 잘잘못을 따지기 이전에 우리에게 죄의식을 불어넣으며 숨통을 조여 온다. 그러니 그런 양심이 하나님의 율법을 만나게 되면 얼마나 단단히 붙어 있으려고 들겠는가? 그때 믿지 않는 자의 상태는 세상에서 가장 비참한 것이다. 은혜의 복음에 대한 믿음도 없이, 또 그 복음으로 죄의 용서도 받지 못한 채 마치 물에 빠진 사람처럼 율법에만 매달려 있으니 말이다. 의는 그런 자에게서 달아날 것이고, 그는 결국 저주를 받아 지옥에 가게 될 것이다(롬 9:31-32). 따라서 양심이 율법에 걸려들지 않도록 조심하라.

셋째, 인간의 지혜를 경계하라. 논리는 율법과 잘 어울린다. 우리는 논리가 하는 말—예수의 이름에 대적하는 일을 많이 하는 것이 좋다—에 귀를 기울이며 율법으로 생명을 얻고자 한다. 논리는 이렇게 속삭인다. "여기 의로운 율법이 있단다. 생명과 죽음을 다스리지. 게다가 하나님을 사랑하고 이웃을 네 몸과 같이 사랑하는 것보다 더 훌륭한 일이 어디 있겠어? 하나님이 그렇게 이르셨잖아? 그분의 명령은 선하고 공의로워. 그러니까 율법으로 생명을 얻는 것은 당연한 일이야. 또 하나님을 사랑하고 율법을 지키는 것이 죄를 짓고 율법을 어기는 것보다 낫지 않아? 인간이 죄로 인해 천국을 잃었으니 그걸 되찾으려면 의로운 행위를 하는 수밖에 더 있어? 하나님은 의로운 분이니까 당연히 의로운 자를 축복하실 거야. 오, 거룩한 율법이여!" 논리는 그런 식으로 종교에 심취한 자를 꼬드긴다. 죄가 천국으로 가는 길이 아니라는 사실은 삼척동자도 안다. 십계명보다 더 심하게 죄를 비난하는 것은 없기 때문에 십계명은 인간이 거룩해지는 데 있어 가장 완벽한 규칙인 셈이다. 따라서 논리는 생명과 영광을 얻는 가장 안전한 방법은 가급적 율법 가까이에 머무는 것이라고 설득한다. 그런데 그게 아니다. 율법이 거룩한 것은 사실이지만, 위 논리는 치명적인 결점을 안고 있다. 율법은 거룩하고 의롭기 때문에 오히려 우리에게 아무런 유익이 되지 않는다. 그런 거룩하고 의로운 율법으로부터 죄를 범한 우리가 무엇을 기대할 수 있겠는가? 오직 정죄뿐인 것이다. 율법에 의지하는 자들을 향해 그리스도는 이렇게 말씀하신다. "너희를 고소하는 이가 있으니 곧 너희의 바라는 자 모세니라"(요 5:45).

넷째, 복음에 대한 인간의 무지함도 율법의 교리와 잘 어울린다. 그 둘은 하나님의 의를 모른다는 공통점 때문에 서로 사랑에 빠진다(롬 10:1-4). 그렇다. 그들은 겉으로 보기에만 잘 어울리는 것이 아니라, 둘이 하나가 되면 한쪽이 다른 쪽에 힘을 실어 준다. 즉 율법은 우리의 눈을 더욱 멀게 하며, 우리의 얼굴을 수건으로 단단히 가려 버린다. 따라서 우리는 마음의 눈이 어두워진다. "오늘까지라도 구약을 읽을 때에 그 수건이 오히려 벗어지지 아니하고 있으니"(고후 3:14). 특히 돌에 새겨진 십계명을 읽을 때면 더욱더 그렇다. "오늘까지 모세의 글을 읽을 때에 수건이 오히려 그 마음을 덮었도다"(고후 3:15). 완벽하게 거룩한 그 법은 오직 그리스도를 통해야만 벗겨진다. "언제든지 주께로 돌아가면 그 수건이 벗어지리라"(고후 3:16). 우리는 율법의 의무를 행하는 데 바빠 은혜로 죄사함을 받는다는 기쁜 소식에 무지하다. 율법은 우리의 마음에 수건을 덮어 그리스도로부터 가리며 천국을 얻기 위해 일을 하라고 종용한다. 따라서 우리는 그리스도를 통해 은혜로 죄를 용서받는 사실을 잊어버린다. 그런 장님 현상은 율법의 교리와 복음의 교리가 대적하기 때문에 생긴다. 율법은 영원한 불구덩이를 피하려면 율법의 모든 요구에 순종하라고 강요하는 반면, 복음은 행하지 않고 믿는 자에게 죄를 용서하리라고 약속한다. 그런데 마음은 그 두 가지를 다 받아들일 수가 없다. 행하거나 믿거나 둘 중에 하나를 선택해야 한다. 믿으면 행하지 않을 것이다. 생명을 얻기 위해 행하기로 작정하면 믿지 않을 것이다. 게다가 둘 다 하면서 하나님 앞에서 저주로부터 의롭다 함을 얻고자 하는 자는 어느 쪽에도 제대로 속하지 않는다. 결국 양쪽 모두 그런 자를 버릴 것이다. "이는 저희가 믿음에 의지하지 않고 행위에 의지함이라"(롬 9:32).

율법은 죄에 대한 공포와 죄책감을 이용하여 우리의 영적 눈을 멀게 한다. 양심의 가책은 감당할 수 없는 정신적 고통을 수반한다. 그런 고통 속에서 양심은 죄책감 외에 다른 것은 듣지도 보지도 느끼지도 못하게 된다. 다윗은 자신이 저지른 살인에 대한 죄책감에 시달릴 때 복음의 은혜를 잘 알고 있었음에도 불구하고 공포의 음성밖에 듣지 못했다. 그가 죽인 우리아의 피의 목소리가 그의 귀에 들려오는 소음의 전부였다. 다윗은 하나님께 복음을 들을 수 있게 해달라고 울부짖었다. "나로 즐겁고 기쁜 소리를 듣게 하사 주께서 꺾으신 뼈로 즐거워하게 하소서"(시 51:8). 그는 들을 수도 볼 수도 없었다. 율법이 그를 귀머거리, 장님으로 만들어 버렸기 때문이다. 그는 또 긍휼을 바라며 그리스도를 올려다볼 수도 없었다. 다윗은 마치 이렇게 말하고 있는 듯하다. "오, 주여, 율법의 죄책감이 내 양심에 공포와 소음을 불러일으키나이다. 나는 볼 수도 없고 평안의 소식을 들을 수도 없나이다. 오직 하늘에서 내려오는 음성만을 내가 들을 수 있겠나이다." 죄책감은 구약 시대의 백성들을 물던 뱀과 같다(민 21:6). 그 뱀은 불을 뿜는 뱀으로 내 생각에는 하늘을 날았던 듯하다(사 14:29). 그것은 사람들의 얼굴을 쏘고 눈을 붓게 만들었을 것이다. 그러므로 그들은 놋뱀, 곧 그리스도를 바라보기가 더욱 힘들었을 것이다(요 3:14). 죄책감은 오늘날도 그런 짓을 한다. 우리의 영적 얼굴을 쏘아 예수를 바라보지도 믿지도 못하게 만든다. 양심의 가책이 극에 달할 때 그리스도에 대한 믿음을 갖는다는 것은 지극히 힘든 일이다.

그런 현상은 현재에만 그치는 것이 아니다. 죄의식이 남아 있는 한, 우리는 눈먼 상태를 면치 못한다. 우리 앞에 죄책감이 가로막고 있으면 하나님의 은혜가 차단된다. 그것은 마치 태양과 내 눈 사이에 구름이 끼어 태양을 볼 수 없는 것과 같다. 다윗은 "내 죄가 항상 내 앞에 있나이다"(시 51:3)라고 했다. 그는 율법이 묻는 죄책감으로 인해 다른 것은 볼 수가 없었다. 사도 바울 역시 율법 아래 장님으로 있다가 선한 자가 죄사함의 소식을 전해 주었을 때에야 눈을 뜰 수 있었다(행 9장).

율법이 기세를 부리면 하나님의 은혜에 대한 의심이 꼬리를 문다. 율법은 죄를 드러내고 정죄하며 사망을 주관한다. 따라서 율법이 있는 곳에는 죄가 드러나 정죄받는 데 그치는 것이 아니라, 인간의 영도 드러나 정죄받는다. 게다가 율법은 죄를 드러내기만 하는 것이 아니라 그것이 불어나게까지 만든다. 따라서 인간이 율법에 가까이 가면 갈수록 율법은 더욱 철석같이 달라붙는다. 사도 바울은 자신이 율법 아래 악명 높은 죄인이었으며, 율법에 순종함으로써 생명을 얻을 줄 알았다고 고백했다. "생명에 이르게 할 그 계명이 내게 대하여 도리어 사망에 이르게 하는 것이 되었도다 죄가 기회를 타서 계명으로 말미암아 나를 속이고 그것으로 나를 죽였는지라"(롬 7:10-11). 얼마나 희한한 속임수인가! 그런데 사람들은 대부분 그것을 보지 못한다. 하지만 독자 여러분은 내 설명을 통해 그 과정을 이해할 줄로 믿는다.

인간은 본래 세속적이요, 율법은 본래 신령한 것이다. 따라서 그 둘 사이에는 커다란 차이가 존재한다. 즉 율법은 지극히 선하며 인간의 마음은 지극히 악하므로, 그 두 가지가 화합할 길은 없는 것이다.

율법은 틈만 나면 우리에게 그 의무를 부과하며 그것을 이행하지 않을 때는 정죄하려고 든다. 그러면 우리의 마음은 짐짓 주춤한다. 특히 율법이 우리 마음속에 터전을 잡고 주인 행세를 하면 더욱더 그렇다. 이때 양심은 뭔가 잘못되었음을 눈치 채고 심판의 두려움에 떨기 시작한다. 그러면 율법은 계속 의무를 부과하며 그것이 제대로 이행되지 않을 때는 끊임없이 정죄한다. 양심과 율법이 그런 식으로 씨름을 하고 있을 때, 마음에는 의심과 두려움이 싹트면서 결국 불신으로 이어진다. 그렇게 되면 복음의 소식도 분별하지 못하고, 자신은 죄인이기 때문에 구원을 받기 위해서는 율법을 성취해야 한다는 사실밖에 보지 못한다.

다섯째, 사탄과 그의 일당이 율법에 갖다 붙이는 거짓 이름들을 조심하라. 그들은 율법을 복음, 양심, 그리스도의 영, 행위, 믿음 등 온갖 이름으로 부른다. 그러면 유약한 양심은 극도의 불안감에 휩싸인다. 사실 수많은 사람이 그런 이름에 속아 멸망의 길로 빠져들었다. 그것이 바로 갈라디아와 고린도에서 초대 교회 때 반대자들이 그리스도의 교회를 전복하기 위해 시도한 수법이다(고후 11:3-4, 13-14). 갈라디아인들은 율법이 복음이라는 거짓말에 속아 그리스도의 복음에서 멀어져 버렸다. 사탄과 그의 일당은 그리스도의 일꾼들의 이름과 직함을 이용하여 많은 고린도인들이 바울과 그의 가르침을 저버리게 만들었다. 주 예수가 진실로 전파되고 그의 교리가 알려진 곳에서 믿는 자들을 은혜의 약속에서 돌아서게 만드는 것은 쉬운 일이 아니었다. 그래서 교회 내에 거짓 사도들이 일어나 "다른 복음, 다른 복음"을 외치며, 율법에 복음이라는 찬란한 이름을 붙여 진짜 복음을 문 밖으로 내몰았던 것이다.

하지만 사도 바울은 "다른 복음은 없나니 다만 어떤 사람들이 너희를 요란케 하여 그리스도의 복음을 변하려 함이라"라고 주장했다(갈 1:7-8). 사탄의 일꾼들은 그리스도의 사도라든지 의의 일꾼이라는 막강한 힘을 실어 주는 이름을 필요로 했다. 게다가 율법과 같이 거룩하고 의로운 교리를 함께 내세우면 그들의 힘은 더욱 강해질 수 있었다. 상식적으로 보아 먼저 하나님을 사랑하고 이웃을 내 몸과 같이 사랑하는 일보다 더 중요한 것이 어디 있겠는가? 따라서 시내 산에서 내려진 그 거룩하고 훌륭한 십계명에 반박할 자는 없었다. 그것이 바로 함정이었던 것이다. 율법을 중보자의 자리에 앉히며 그로 말미암아 하나님 앞에서 바로 서려고 하는 행위는 그리스도께 대단히 파렴치한 행위다. 율법만큼 인간의 영을 파괴하는 것은 없다. 율법은 우리의 영이 혼미한 상태일 때 힘을 행사한다. 그뿐만 아니라 우리의 영을 혼미하게 만드는 힘도 가지고 있다. 즉 율법 자체의 거룩함과 인간의 지식, 양심, 이성을 이용하고 천국의 맛을 선사함으로써 우리의 영을 착각에 빠뜨려 그리스도를 저버리게 만드는 것이다. 따라서 거짓 이름과 선해 보이고 거룩해 보이는 것들을 조심하라.

여섯째, 사탄의 또 다른 수법은 율법과는 거리가 먼 것을 이용하여 우리를 율법 아래로 유인하는 것이다. 갈라디아인들이 그리스도로부터 멀어지게 된 이유는 십계명이 아닌, 그들이 밤낮으로 행하던 할례의식 때문이었다. 사탄은 그리스도를 인간에게서 감출 수만 있다면 수단과 방법을 가리지 않는다. "보라……내가 할례를 받는 각 사람에게 다시 증거하노니 그는 율법 전체를 행할 의무를 가진 자라 율법 안에서 의롭다 함을 얻으려 하는 너희는 그리스도에게서 끊어지고 은혜에서 떨어진 자로다"(갈 5:2-4). 할례는 십계명에 속하지도 않는데 그들은 왜 할례를 행하였을까? 그것은 할례를 통해 하나님 앞에 바로 설 수 있다고 믿었기 때문이다. 사탄은 얼마나 영악한가! 그는 할례를 이용하여 갈라디아인들을 율법에 종속시켰다. 즉 율법과는 상관없는 것을 가지고 우리를 서서히 율법 아래로 유인하는 것이다. 나는 하나님께서 자신의 계명을 준수하는 유대인들을 질타하시는 구절을(사 1장) 읽을 때마다 의아한 생각이 들었다. 그런데 바로 그 일을 통해 우리는 주 예수로부터 멀어진다는 사실을 사도 바울에게서 배웠다. 우리가 그 모든 것을 행하는 이유는 그리스도에 대한 믿음이 아닌, 도덕법이나 다른 제도에 근거하여 생명을 얻고자 하기 때문이다.

그러니 이름과 사물을 구별하고, 법과 계명을 잘 구별하여 한쪽이 다른 쪽을 해하는 일이 없도록 조심하라(고후 1:19-20). 또 율법의 성질과 목적을 복음의 그것과 비교해 가며 공부하도록 하라. 우리가 그 둘을 머리와 가슴으로 분별할 수 있을 때, 그 어떤 이름이나 사물, 법이나 계명도 우리를 복음에서 떼어내지 못할 것이다.

JUSTIFICATION by

제3장 두 번째 결론
의는 오직 그리스도 안에

"인간이 여전히 죄인의 몸으로 하나님 앞에서 율법의 저주로부터 의롭다 함을 얻는 길은, 예수 그리스도의 위격이 오래전에 행하고, 지금도 그분 안에 거하는 의로 말미암는 길밖에 없다."

위 내용을 다음과 같이 두 가지로 나누어 살펴보자.

1. 우리를 하나님 앞에서 율법의 저주로부터 의롭다 하는 그 의는 그리스도의 위격이 행한 것이다.

2. 그 의는 오직 그리스도 안에만 거한다.

첫 번째에 대해 간단히 살펴보자. "우리를 의롭다 하는 그 의는 그리스도의 위격이 오래전에 행한 것이다."

그리스도는 혼자 우리의 죄를 보상하셨다. "죄를 정결케 하는 일을 하시고 높은 곳에 계신 위엄(威嚴)의 우편에 앉으셨느니라"(히 1:3). 그리스도는 행위와 고난을 통해 의를 이루셨다. 즉 율법을 성취하는 행위가 있었고, 죄의 대가를 치르는 고난이 있었다. 사도 바울은 히브리서에서 특히 죄를 정결케 하는 일, 즉 고난에 대해 강조했다. 오직 그리스도의 보혈만이 죄를 보상하여 하나님의 눈 밖으로 또는 우리의 눈 밖으로 죄를 치워 버릴 수 있었다(히 9:14). 그리고 그 일은 그리스도 개인의 행위와 고난을 통해 이루어졌다. 하나님께서 율법의 예물을 원치 않으실 때 그리스도는 "하나님이여 보시옵소서. 예비하신 이 한 몸이 당신의 뜻을 행하러 왔나이다" 하고 말씀하셨다(히 10:5-6). 성경은 그런 하나님의 뜻으로 우리가 거룩하게 되었다고 말한다. 그런 뜻이란 바로 예수 그리스도께서 자기 몸을 바치심으로써 우리 안에 거하게 된 사건을 말한다. "그러므로 예수도 자기 피로써 백성을 거룩케 하려고 성문 밖에서 고난을 받으셨느니라"(히 13:12).

그리스도는 혼자 단번에 죄를 보상하셨다. "저가 한 제물로 거룩하게 된 자들을 영원히 온전케 하셨느니라"(히 10:14). 어리석은 자들은 그리스도가 우리의 죄 때문에 '내내' 고난을 받는다고 주장한다. 그런데 여기서 '한 제물'이라는 말이 그 주장을 단칼에 잘라 버린다. 그리스도는 그 일을 단번에 끝내셨다. "대제사장이 해마다 다른 것의 피로써 성소에 들어가는 것같이 자주 자기를 드리려고 아니하실지니 그리하면 그가 세상을 창조할 때부터 자주 고난을 받았어야 할 것이로되 이제 자기를 단번에 제사로 드려 죄를 없게 하시려고 세상 끝에 나타나셨느니라"(히 9:25-26). 그렇다. 그리스도의 제사는 빌라도 시대 한 번뿐이었다. 그리스도는 단번에 고난을 받으셨다. 하나님이자 인간인 그리스도는 하나님의 예비하신 몸이 되어 단번에 그 몸을 제물로 바침으로써 죄를 소멸해 버리셨다.

그리스도가 죽은 자 가운데서 부활했을 때 하나님은 그의 아들이 세상을 구원한 것에 대해 흡족해하시며 긍휼을 베푸셨다. "또 하나님께서 죽은 자 가운데서 저를 일으키사 다시 썩음을 당하지 않게 하실 것을 가르쳐 가라사대 내가 다윗의 거룩하고 미쁜 은사를 너희에게 주리라 하셨으니"(행 13:34). 즉 그리스도가 육신이 되어 인간의 죄를 지시고 돌아가신 뒤 부활하셨을 때 하나님은 우리에게

위 말씀을 약속하셨다. 따라서 그리스도를 믿는 자는 그의 부활을 통해 하나님의 은혜와 긍휼을 입는다. 이 모든 사실로 나는 이런 결론을 내린다. "인간이 여전히 죄인의 몸으로 하나님 앞에서 율법의 저주로부터 의롭다 함을 얻는 길은 예수 그리스도의 위격이 오래전에 행하고, 지금도 그분 안에 거하는 의로 말미암는 길밖에 없다." 이에 반박하는 자들이 많이 있긴 하지만 위 결론은 틀림없는 사실이다. 성령이 말했듯이, 그리스도는 하나님의 뜻으로 예비된 몸이 되어 그 일을 홀로 단번에 해내셨다. "저가 한 제물로 거룩하게 된 자들을 영원히 온전케 하셨느니라."

여기서 두 번째 입장이 명확해진다. 우리가 하나님 앞에서 저주로부터 의롭다 함을 얻는 그 의는 오직 그리스도 안에만 거한다.

그리스도께서 혼자 의를 이루셨다고 하면, 그 의는 당연히 그의 것이다. 우리에게는 그 의가 전가되었으므로 로마서 5장 말씀대로 선물, 즉 의의 선물인 셈이다. 우리가 우리의 행위로 이루거나 얻은 것이 아니기 때문이다. 그 의는 그리스도 안의 하나님의 은혜로 이미 준비되어 있던 옷처럼 우리에게 주어진 것이다(롬 5:17; 사 61:10).

이제 4가지 이유를 들어 위 사실을 증명해 보고자 한다.

첫째, 앞서 말한 의는 다수가 아닌 한 개인의 것이다. 오직 한 사람에게만 속한다는 뜻이다. 은혜의 선물, 곧 의의 선물은 예수 그리스도 한 사람으로 말미암아 많은 사람이 받게 되었다(롬 15:15). "한 범죄로 많은 사람이 정죄에 이른 것같이 의의 한 행동으로 말미암아 많은 사람이 의롭다 하심을 받아 생명에 이르렀느니라 한 사람의 순종치 아니함으로 많은 사람이 죄인 된 것같이 한 사람의 순종하심으로 많은 사람이 의인이 되리라"(롬 5:18-19). 한 사람의 의. 한 사람의 순종. 그 한 사람은 바로 예수 그리스도시다. 따라서 죄인을 의롭다 하는 의는 그리스도 한 사람이 순종하심으로 이룬 그리스도 개인의 것이다. 우리에게는 그 의가 전가될 뿐이다. 금지된 과실을 먹고 실제로 죄를 지은 것은 아담이지 내가 아니다. 그런데 그의 죄가 내게 전가된 것이다. 그 이유는 내가 당시 아담 안에 있었기 때문이다. 따라서 아담 개인의 타락이 나의 타락이라고 볼 수 있다. 그렇다면 그리스도 혼자 이루신 의도 사랑과 믿음으로 그의 안에 거하는 자들이 공유한다고 볼 수 있다. 직접 행하는 자와 효과를 보는 자는 다를 수 있다. 한 사람이 행동을 하더라도 행위의 전가를 통해 많은 이가 그 유익을 나눠 가질 수 있기 때문이다. 따라서 아담과 그리스도의 경우도 아담의 죄가 그의 후손에게 전가되고, 그리스도의 의가 그의 백성에게 전가된 것이다.

둘째, 우리를 저주로부터 하나님 앞에 바로 설 수 있게 해 주는 그 의는 '여호와 하나님 예수 그리스도의 의' 로서 하나님의 거룩한 율법의 의와 대적한다(빌 3:7-9). "내가 가진 의는 율법에서 난 것이 아니요 오직 그리스도를 믿음으로 말미암은 것이니 곧 믿음으로 하나님께로서 난 의라"(빌 3:9). 이런 반대개념을 통해 진리는 더욱 부각된다. '내가 가진 의는 율법에서 난 것이 아니' 라는 말은 그 의가 우리의 자질이나 자격과는 상관없이, 완전히 다른 사람에게 속한다는 뜻이다. 인격과 행위 면에서 완전히 다른 그분은 바로 하나님 예수 그리스도시다. 하나님은 "이스라엘 자손(子孫)은 다 여호와로 의롭다 함을 얻고 자랑하리라"(사 25:25)라고 말씀하신다. 여호와 안에서, 율법 안에서가 아니다. 여호와 안에서, 우리 안에서가 아니다. "그들이 내게서 얻은 의니라 여호와의 말이니라"(사 54:17). 내게서, 그들에게서가 아니다. 내게서, 율법에게서가 아니다. "의와 힘은 여호와께만 있나니"(사 45:24). 앞서 말했듯이 여기서 말하는 의란, 하나님의 아들이 이 세상에 인간으로 오셔서 순종하심으로 이룬 의를 가리킨다. 그분으로 말미암아 그 의는 이제 "여호와 우리의 의"가 되었다(렘 23:6). 그리스도는 본래 의로우신 분이다. 그러나 그런 의로운 본성만으로는 우리를 의롭다 할 수가 없다. 우리의 죄를 부담하지도 않고, 우리를 위해 율법의 모든 요구에 순종하지도 않았기 때문이다. 우리가 하나님 앞에서 바로 서려면 그리스도와 같이 근본적으로 의로운 자의 행위와 고난을 통한 의가 필요하다. 따라서 우리는 하나님의 아들의 행위와 고난으로 말미암아, 즉 주 예수 그리스도의 순종과 피로 말미암아 의롭다 함을 얻는다. 신인(神人) 그리스도는 의의 왕이요, 평강의 왕으로 불린다(히 7:1-3). 그는 본래 신격 안에 거하며, 아버지의 영원한 아들로 의의 왕이요, 평강의 왕이다. 그런 그리스도의 본성은 우리와는 관계없는 것이다. 하지만 그는 행위로써 우리와 관계를 맺는다. 그리스도는 의의 행위로 우리를 위해 "영원한 속죄"를 이루신 우리의 대제사장이다(히 9:12). 그런데 우리를 하나님 앞에 바로 설 수 있게 해 주는 그 의는 그리스도 혼자 이루셨기 때문에 오직 그 안에만 거한다.

또 우리를 의롭다 하는 그 의는 육신을 가진 사람이 행해야만 했다. 왜냐하면 사람이 죄를 지었기 때문이다. 따라서 정의는 이렇게 요구한다. "사망이 사람으로 말미암았으니 죽은 자의 부활도 사람으로 말미암는도다"(고전 15:21). 그렇기 때문에 천사들은 사슬에 묶인 채 영원한 어둠에 갇혀 있을 수밖에 없다. 그리스도께서 그들은 붙들어 주시지 않았기 때문이다(히 2:16). 그 말은 그가 천사가 되셔서 그들을 위해 의를 성취해 주시지 않았다는 뜻이다. 그러니 우리는 얼마나 축복받은 자들인가! "오늘날 다윗의 동네에 너희를 위하여 구주가 나셨으니 곧 그리스도 주시니라"(눅 2:11). 천사가 아닌, 우리를 위하여 구세주가 태어나신 것이다.

셋째, 우리를 의롭다 하는 그 의는 율법과도 무관하다. 율법이 없으면 의로운 행위에 대한 규정도 없을 것이다. 규정이 없으면 우리가 할 일도 없어진다. "이제는 율법 외에 하나님의 한 의가 나타났으니 율법과 선지자들에게 증거를 받은 것이라"(롬 3:21). 따라서 우리는 율법의 능력이 미치지 못하는 곳에 있는 의로 의롭다 함을 얻는다.

질문: 의롭다 함을 얻는 데 있어 율법은 우리의 순종을 요구할 능력이 없다고 한다. 그렇다면 율법이란 무엇인가?

답변: 도덕법, 즉 십계명을 가리킨다. 따라서 우리는 의롭다 함을 얻기 위해 하나님과 이웃을 사랑하는 것이 아니다. 그런 자는 오히려 저주 아래 놓이게 된다. "무릇 율법 행위에 속한 자들은 저주 아

래 있나니"(갈 3:10). 우리는 율법의 의가 아닌 하나님의 의로 의롭다 함을 얻는다. 거기에는 율법의 명령도, 우리의 순종도 설 자리가 없다. "그리스도 예수 안에 있는 구속으로 말미암아 하나님의 은혜로 값없이 의롭다 하심을 얻은 자 되었느니라"(롬 3:24). 즉 하나님의 의는 율법과 순종을 필요로 하지 않는다. 따라서 우리는 오직 만유의 왕 그리스도 안에 거하는 의로써만 하나님 앞에 바로 서는 것이다.

넷째, 하나님은 일을 하지 않고 경건치도 않은 자에게 의를 전가하시며 의롭다 하신다(롬 4:4-5). 이 부분에 대해서는 앞에 설명했으니 여기서는 생략하기로 한다.

다섯째, 만약 우리가 행위로 하나님 앞에서 의인이 될 수 있다면, 그 행위는 믿음을 얻은 뒤에 행한 것이어야 한다. 그런데 그것 역시 가능한 일이 아니다. 따라서 우리는 오직 그리스도 안에 거하는 의로만 하나님 앞에서 저주로부터 의롭다 함을 얻는 것이다.

믿음을 얻은 뒤의 행위로도 의롭다 함을 얻을 수 없는 이유는, 아무리 경건한 성도의 행위도 그것이 생명을 얻기 위한 율법의 행위로 간주될 때는 의롭다고 여김을 받지 못하기 때문이다(갈 3:10). 그 점은 영원한 진리다. 우리를 의롭다 하는 것은 무엇이든지 율법의 요구를 완전히 만족시켜야 한다. 그런데 율법은 우리의 행위가 감히 대적할 수 없는 저주를 선언한다. 그러니 어떤 행위로도 우리는 하나님 앞에서 의인이 될 수 없다(롬 3:21). 그 저주는 율법을 철저히 만족시킬 수 있는 의가 있어야 물러날 것이다. 그렇지 않는 한 율법의 저주는 만족할 때까지 계속 남아 있을 것이다. 그 점은 성경과 지금까지 살펴본 내용으로 미루어 틀림없는 사실이다. 율법은 최초의 죄가 발생했을 때 그 범한 자를 심판대에 세워 사망을 선고하고 집행했다. 그 일에 있어 믿는 자의 행위는 아무 소용이 없다. 따라서 우리의 행위는 율법의 요구를 만족시킬 수 없기 때문에 우리를 하나님 앞에서 의롭다 할 수도 없다.

믿음으로 행하는 행위 역시 우리를 의롭게 할 수 없다. 이때 완벽한 믿음이 필요하기 때문이다. 믿음이 완벽하지 않으면 행위도 완벽하지 않다. 어느 정도로 완벽해야 하냐면 정의의 하나님을 만족시킬 수 있는 정도가 되어야 한다. 예를 들어 지금 당장 하나님 앞에 설 수 있다고 자신하는 자가 있다고 치자. 그래도 그의 믿음이 완벽하지 못하다는 것은 자명한 사실이다. "만일 누구든지 무엇을 아는 줄로 생각하면 아직도 마땅히 알 것을 알지 못하는 것이요"(참고. 고전 8:2, 13:12). 그자는 조금 아니까 조금 행할 수 있을 것이다. 조금 행하니까 하나님의 정의도 조금 만족시킬 수 있을 것이다. 따라서 우리 생각에는 최선을 다했다 해도 결국 조금 한 것에 지나지 않아 행위로 의롭다 함을 얻기에는 충분치 않은 것이다.

게다가 믿음의 행위로 의롭다 함을 얻겠다는 생각 자체가 위험한 일이다. 그것은 믿음의 방향이 어긋나기 때문이다. 믿음은 원래 중보자 예수 그리스도를 통해 하나님의 은혜를 바라보는 것이다. 그런 믿음의 미덕으로 우리는 그리스도를 통해 은혜로 말미암아 의롭다 함을 얻는다. 그런데 거기에 행위가 개입하면 엉뚱한 방법으로 생명을 얻으려는 격이 된다. 나는 믿음이 그 결과인 은혜만큼이나 고귀한 것이라고 생각한다.

믿음은 마음을 깨끗하게 하기 때문에 믿음에서 나오는 행위는 선하다고 볼 수 있다(행 15:9). 따라서 믿음은 행위를 의롭게 할 수 있다. 그렇다면 우리는 믿음이나 행위, 둘 중의 하나로 의롭다 함을 얻을 수 있다는 말이 된다. 그런데 행위가 믿음보다 더 큰 미덕을 가지고 있지 않은 한, 우리는 여전히 믿음으로만 의롭다 함을 얻어야 한다. 믿음이란 믿고 의지함을 말한다. 무엇을 믿고 의지한다는 말인가? 믿음 자체에 의지할 수도 없고, 그보다 열등한 행위에 의지할 수도 없을 것이다. 그랬다가는 믿음의 행위를 하나님과 인간 사이의 중보자로 만들며 그리스도를 문 밖으로 내쫓는 결과가 될 것이다. 따라서 믿음은 그리스도를 믿고 의지함을 말한다. 그런데 그 믿음에서 나오는 행위로도 우리는 하나님 앞에서 저주로부터 의롭다 함을 얻을 수 없는 것이다.

그렇기 때문에 성도가 믿음으로 선행을 할 때도 그는 감히 그 일을 하나님 앞에 직접 드러내지 않고 중보자 그리스도를 통해 전하는 것이다. 그때 그 일은 어린양의 피로 씻김을 받는다. 그러면 그리스도로 말미암은 우리의 신령한 제사를 하나님께서 기쁘게 받으시는 것이다(벧전 2:5). 또 믿음의 열매라 할 수 있는 성도의 기도도 천사의 손을 통해 하나님의 보좌에 올려진다(계 8:3-4). 그 말은 그리스도의 손을 통해, 그의 금향로와 향을 통해, 그리스도의 중보로 드려진다는 뜻이다.

어린양의 신부는 이렇게 말한다. "그가 나더러 이르되 이는 큰 환난에서 나오는 자들인데 어린양의 피에 그 옷을 씻어 희게 하였느니라"(계 7:14). 나는 여기 나오는 '옷'이 경건한 자들의 행위, 곧 믿음에서 나오는 선행이라고 생각한다. 그런데 그 옷이 어떻게 깨끗하게 되었는가? 어떻게 희게 되었는가? 믿음의 행위였기에 저절로 그렇게 되었는가? 아니다. "어린양의 피에 그 옷을 씻어 희게 하였느니라 그러므로 그들이 하나님의 보좌 앞에 있고"(계 7:14-15). 그렇다. 그들의 선행은 어린양의 피로 씻긴 다음 하나님 앞에 바로 설 수 있었다.

이제 결론을 내리자면, 우리는 죄인의 몸으로 의롭다 함을 얻는다는 것이다. 우리의 행위는 비록 그것이 믿음의 행위라 할지라도 예수 그리스도의 중보와 피를 통하지 않고는 받아들여지지 않는다. 따라서 우리는 그리스도를 통해 우리 자신과 행위 둘 다 의롭다 함을 얻는 것이다. 칭찬을 통해 하나님 앞에 바로 서는 것이 아니다. 그리스도께서 우리를 자신의 피로 씻기시고 자신의 공로를 입혀 그의 아버지 앞에 세워 주시는 것이다. 그때서야 우리는 하나님께 인정을 받고 우리의 행위도 함께 받아들여진다.

JUSTIFICATION by

제4장 첫 번째 실천
죄를 고백하라

　우리를 의롭다 하는 의는 오직 그리스도의 위격 안에만 있는가? 그렇다. 따라서 우리는 그 의를 우리 안에서 찾으려고 해서는 안 된다. 그것은 일을 하여 하나님의 정의를 충족시키려는 행위로, 오히려 하나님의 의를 모욕하는 결과를 낳는다. 자신의 의를 세우고자 하는 자는 하나님께서 주시는 의에 대적하는 자다. 그런 행위는 율법의 정의나 반갑게 맞이할 것이다. 따라서 하나님의 눈 밖에 나지 않도록 그런 행위를 삼가길 바란다. "가령 내가 의인에게 말하기를 너는 살리라 하였다 하자 그가 그 의를 스스로 믿고 죄악을 행하면 그 모든 의로운 행위가 하나도 기억되지 아니하리니 그가 그 지은 죄악 중 곧 그 중에서 죽으리라"(겔 33:13). 잘 보라. 의인이라 해도, 생명을 약속받았다 해도 그는 죽는다. 왜냐하면 자신의 의를 믿고 여호와 앞에서 죄악을 행했기 때문이다. 그 대가는 곧 죽음이다.

　그런 함정에 빠지지 않도록 은혜의 언약과 조건에 대해 잘 알아두도록 하라. 언약의 조건은 먼저 하나님의 정의와 율법의 요구를 만족시킬 수 있는, 그로 인해 저주를 없앨 수 있는 의가 이 세상에 나타나야 했다. 그 조건을 행할 수 있는 자는 그리스도뿐이었다. 따라서 그 언약은 우리를 직접 상대하는 것이 아니라, 하나님과 인간 사이의 중보자를 상대로 했다. "네 언약의 피로 인하여"(슥 9:11). 여기서 '네'란 그리스도를 가리킨다. 따라서 인간 그리스도가 그런 조건 속에서 영원한 의를 이룰 임무를 맡게 되었다. 즉 그리스도가 언약의 조건이 되어 우리를 하나님 앞에 나아갈 수 있게 한 것이다(단 9:23-24). 그의 의가 바로 우리가 하나님 앞에서 의롭다 함을 얻는 데 필요한 전부였다. 그리스도는 백성의 언약이요, 이방인의 등불이다. 따라서 그의 빛 가운데 거하지 않는 자는 누구도 보지 못할 것이고, 그로 말미암지 않고는 누구도 바로 설 수 없을 것이다. 그리스도는 백성의 언약이요, 그 언약에 대한 백성의 조건이다(사 52:6). 따라서 하나님께 나아가는 길은 오직 그리스도뿐이다. "하나님이 나로 더불어 영원한 언약을 세우사." 언제 언약을 세우시는가? 영원한 의를 이루고 율법의 저주를 없앤 그리스도 안에 내가 거할 때다. 또 그 언약은 "만사에 구비(具備)하고 견고"하다(삼하 23:5). 그 이유는 내가 저주로부터 구원을 받는 데 장애가 되는 것들이 그리스도로 말미암아 모두 치워졌기 때문이다. 따라서 그리스도는 홀로 의를 이루신 자, 중보자, 공로자다. 그 안에서 우리는 하나님 앞에 바로 설 수 있다. 그리스도는 하나님께로 나아가는 우리의 언약이요, 조건이다. 그는 율법이 만족한 의를 소유한 채, 항상 하나님 앞에서 우리의 유일한 의가 되어 주신다.

위 진리에 대해 좀 더 깊이 생각해 보자. 우선 자신의 모습을 돌아보며 마음을 비롯한 모든 것이 얼마나 오염되어 있는지 살펴보라. 고통을 모르는 자는 주 예수를 우러러 볼 수가 없다. 그리스도의 교회는 병들고 다치고 괴로운 자들의 병원이다. 예수 그리스도께서 이 땅에 머무실 때도 근심하고 고통 받는 자들이 가장 그를 필요로 했다. 그들은 병자요, 그리스도는 의사였다. 하지만 세상은 그를 원치 않았다. 지금도 그렇듯이. 그리스도는 죄인의 의와 생명이 되어 자신의 몸을 세상에 바치셨다. 그러나 자신의 타락을 깨닫지 못하는 자는 그리스도의 역할 또한 깨닫지 못한다. 즉 자신이 머리끝에서 발끝까지 타락하여 율법의 요구를 이룰 수도 없고, 봉사 행위로 몸을 깨끗이 할 수도 없어 자신의 힘으로는 하나님 앞에서 저주로부터 의롭다 함을 얻을 길이 없다고 자각하는 자만이 그리스도를 자신의 의와 생명으로 여길 것이다. 그런 자는 절망 상태에서 죽어 지옥에 가거나, 아니면 생명을 얻기 위해 예수 그리스도께 의지할 수밖에 없다.

그런데 생명과 구원을 얻기 위해 예수 그리스도 앞에 나아오는 자는 다음 사실을 명심해야 한다. 그것은 죄를 인식하는 데 그칠 것이 아니라, 율법이 지적하는 그 죄를 고백해야 한다는 점이다. "너는 오직 네 죄를 자복(自服)하라"(렘 3:13). 그것은 쉬운 일이 아니다. 죄 아래 엎드려 그 존재를 하나님이 말하는 대로 인정하며, 자신의 본성이 부정하고 타락했을 뿐 아니라 하나님을 노하게 하고 영혼을 파괴한다는 사실을 받아들이기란 쉽지 않다. 특히 양심이 그런 천성에 대해 죄책감으로 시달릴 때는 더더욱 힘들다. 하지만 우리는 그렇게 해야 한다. "만일 우리가 우리 죄를 자백하면 저는 미쁘시고 의로우사 우리 죄를 사하시며"(요일 1:9). 이어 이런 약속이 뒤따른다. "죄를 자복하고 버리는 자는 불쌍히 여김을 받으리라"(잠 28:13). 이것이 바로 다윗이 하나님께 구한 것이다. "나의 죄악을 말갛게 씻기시며 나의 죄를 깨끗이 제하소서 대저 나는 내 죄과를 아오니 내 죄가 항상 내 앞에 있나이다"(시 51:2-3). 그러니 자신의 죄와 허물을 생각할 때 비록 창피하고 수치스럽더라도 그것을 감추려고 해서는 안 된다. "자기의 죄를 숨기는 자는 형통치 못하나"(잠 28:13). 또 하나님 앞에서 죄를 줄이려고 해서도 안 된다. "너는 오직 네 죄를 자복하라 이는 네 하나님 여호와를 배반하고 네 길로 달려 모든 푸른 나무 아래서 이방 신에게 절하고 내 목소리를 듣지 아니하였음이니라 여호와의 말이니라"(렘 3:13).

따라서 그리스도 앞에 바르게 나아가려면 반드시 죄의 고백이 있어야 한다. 그런데 이때 고백하는 데서 그쳐야 한다. 즉 하나님 앞에서 자신의 장점을 드러내기 위해 뭔가 시도할 생각을 하지 말고 오직 주시는 긍휼만 받아야 한다는 말이다.

"너는 오직 네 죄를 자복하라." 인간은 종종 극단적인 태도를 보인다. 한쪽은 건성으로 죄를 고백하는 경우요, 다른 쪽은 죄를 고백하는 것과 함께 뭔가 거룩한 일을 하여 양심의 가책을 덜고 긍휼을 구해 보려는 경우다(호 5:14-15). 둘 다 위험하고 대단히 불경스러운 행동이다. 그것이 위험한 이유는 상처가 잘못된 방법으로 치료되기 때문이요, 불경스러운 이유는 하나님의 명을 어겼기 때문이다. "너는 오직 네 죄를 자복하라." 다윗은 그리하면 자신의 죄가 사라지리라고 믿었다. 여호수아는 그가 천사 앞에서 머리끝에서 발끝까지 더러운 옷을 입고 서 있을 때 여호와께서 다른 옷을 입히셨다(슥 3:3). 우리는 의롭다 함을 얻는 데 있어 우리의 죄와 그리스도의 의 밖에 다른 것은 알지도 보지도 듣지도 말아야 한다. "너는 오직 네 죄를 자복하라." 구세주와 죄인이 올바른 방법으로 만나면 구세주가 일을 하여 그의 옷으로 죄인을 덮어 준다. 죄인은 그렇게 전가되는 의를 받기만 하면 되는 것이다. 따라서 믿는 자들이 하나님 앞에 나올 때는 "수치 중에 눕고 수욕에 덮여" 있다가 용서를 받는 것이다(렘 3:25).

제5장 두 번째 실천
그리스도 안에서 믿음을 가져라

두 번째로 실천할 점은 이것이다. "그리스도 안에서 믿음을 가져라."

1. 믿음이란?

질문: 그런데 믿음이 무엇인가?

답변: 믿음이란 주어지는 유익을 받아들이거나, 포용하거나, 인정 또는 신뢰함을 말한다. 경건한 자들은 믿음을 통해 하나님의 긍휼과 죄사함, 영생을 체험한다. 믿음은 행위나 율법으로 얻는 것이 아니라 그리스도를 통해 하나님의 은혜를 받아들이거나, 포용하거나, 인정 또는 신뢰하는 것이다. "우리가 저희와 동일하게 주 예수의 은혜로 구원받는 줄을 믿노라"(참고. 행 15:11; 요 1:12; 고후 4:1, 11:4; 골 2:6; 히 11:13; 딤전 1:15; 엡 1:12-13). 이제 복음이 무엇인지, 믿음이 영혼을 구원하는 데 있어 어떤 역할을 하는지 알겠는가?

그러면 구원에 있어 믿음의 역할을—많은 사람이 그 점을 부인한다—좀 더 자세히 알아보자. 진리의 말씀인 성경은 가장 명백하고 알기 쉬운 말로 설명한다. "예수께서 죄인을 구원하시려고 세상에 임하셨다"(딤전 1:15). "그리스도께서 우리 죄를 위하여 죽으시고"(고전 15:3). "그리스도께서······우리 죄를 위하여 자기 몸을 드리셨으니"(갈 1:4). "친히 나무에 달려 그 몸으로 우리 죄를 담당하셨으니"(벧전 2:24). "하나님이 그리스도 안에서 너희를 용서하심과 같이"(엡 4:32). 이토록 쉽고 단순한 표현으로 우리를 부르는 만큼, 그에 응하지 않는 자들을 향한 응징 또한 따갑다. "저희가 진리의 사랑을 받지 아니하여 구원함을 얻지 못함이니라……하나님이 유혹을 저의 가운데 역사하게 하사……심판을 받게 하려 하심이니라"(참고. 살후 2:10-12; 막 16:16).

질문: 그런데 믿음은 '순종' 이 아닌가?

답변: 그렇다고 할 수 있다. 믿음은 인간이 할 수 있는 최고의 순종 행위다. 우리의 모든 의를 내던지고, 가난한 심령으로 마치 거지가 자선가의 손길에 의지하듯 하나님과 그리스도에게 의지하는 것이다. 믿음이 있는 자는 진리의 복음과 조화를 이루며 하나님과 그리스도께 모든 영광을 돌리고 긍휼의 하나님과 은혜의 예수 그리스도를 사랑한다. 하지만 믿음이 아무리 훌륭한 일을 하더라도 나를 의롭게 하지는 못한다. 오직 하나님만이 나를 의롭다 하실 수 있기 때문이다.

그런데 믿음의 순종, 즉 믿음에서 나오는 순종이라는 것이 가능할까? 그렇다면 크리스천들은 그것을 이해하기 위해 갖은 노력을 기울여야 할 것이다. 그 순종을 율법과 인간의 의를 좇는 행위와 잘 분별하도록 하라. 또 믿음이 있는 자는 긍휼과 용서, 그리스도의 의를 받아들이며 거기에 의지함으로써 생명을 얻는다는 점을 명심하도록 하라. 즉 믿음이 있는 자는 죄인으로 그리스도 앞에 나아와, 죄인으로 용서를 받는 것이다.

2. 칭의를 얻은 자의 믿음 생활

이제 칭의(의롭다 하심)에 대해 알아보자. 우선 칭의의 미덕을 몇 가지 살펴보기로 하자.

죄사함을 굳게 믿으면 믿을수록 그리스도의 놀라운 복음을 더 잘 이해할 수 있게 된다. "복음에는 하나님의 의가 나타나서 믿음으로 믿음에 이르게 하나니"(롬 1:17). 즉 믿음이 작으면 작게 보고, 믿음이 크면 크게 본다. "우리가 믿음으로……은혜에 들어감을 얻었으며"(롬 5:2). 왜 그럴까?

그리스도를 붙드는 믿음은 그의 지혜와 지식을 드러낸다. "그 안에는 지혜와 지식의 모든 보화가 감추어 있느니라"(골 2:3). 즉 그리스도 안에서 높고 깊은 복음의 비밀을 찾고 볼 수 있게 되는 것이다. 따라서 믿음이 부족하면 그 비밀을 조금도 이해할 수 없게 된다.

우리는 또 믿음으로 성령을 받는다(갈 3:1-3). 하나님의 성령은 우리에게 "지혜와 계시의 정신"을 내려 그리스도를 알게 하신다(엡 1:17). 따라서 성령이 그리스도를 드러내지 않는 한, 우리는 어떤 놀라운 체험도 할 수가 없다. 믿음은 영의 눈으로 그리스도를 보게 한다. 그리고 오직 성령만이 그리스도를 드러낸다. 성령은 하나님의 심오한 일을 찾는 분이기 때문이다. 따라서 믿음과 성령으로 말미암아 하늘의 비밀이 밝혀진다. 그것이 바로 복음의 비밀을 '믿음의 비밀'이라고 부르는 까닭이다(딤전 3:9). 자, 하나님의 위대한 일을 알고 싶지 않은가? 그렇다면 믿음에 순종하고 의롭다 함을 얻는 의에 의지하며 살도록 하라.

그리스도에 의지하는 삶이 마치 바닥생활처럼 천하고 비루하다고 생각해서는 안 된다. 자신의 의로 하나님과 의로운 관계가 될 수 있다는 생각을 버리도록 하라. 그렇지 않으면 이내 가볍고 천박하고 자만심에 들떠 늘 과실과 기만에 휩쓸리게 될 것이다. 이는 영양을 공급하는 머리를 붙들지 않았기 때문이다(골 2:19). 집을 짓는 자는 그 기초를 훌륭하게 다져야 한다. 기초는 성공적인 작업의 바탕으로, 모든 중요한 것이 그 위에 세워지게 된다. 따라서 기초가 없이는 아무것도 서 있을 수가 없다. 집은 결국 허물어질 것이다. 그러므로 그리스도를 의지하며 살도록 하라. 그는 하나님과 우리 사이의 중보자로, 자신의 피로 우리를 지켜 주시며, 자신의 무한한 의로 하나님의 진노와 율법의 저주로부터 우리를 구해 주신다. 우리가 하나님 앞에서 바로 설 수 있다는 사실보다 더 큰 위로가 되는 일이 어디 있겠는가? 우리를 삼켜 버릴 수도 있는 것에서 벗어나 의롭다 함을 얻는 일보다 더 큰 위로가 되는 일이 어디 있겠는가? 하나님과 화평을 이루며 천국을 약속받는 일이 얼마나 하찮으면 그리스도의 피와 의에 대한 믿음을 경시하려고 드는가? 자신의 생각과 의견이 믿음의 기초를 저버릴 정도로 중요하단 말인가? 게다가 우리의 제사장이자 선지자, 성도들의 왕이신 예수 그리스도 안에서 찾을 수 있는 비밀 외에 세상 어느 비밀이 밝혀지길 원하겠는가? 그분 안에 모든 보화가 감추어져 있고, 또 그분만이 그 보화를 열 수 있는 다윗의 열쇠를 가지고 계신다(골 2:2-3; 계 3:7). 사도 바울은 예수 그리스도와 그의 십자가에 깊이 몰두하여, 다른 지혜를 좇던 고린도인들에게 자신은 이제 그리스도 외의 다른 것은 알지 않기로 작정했다고 고백했다(고전 2:2).

질문: 그런데 예전에 그리스도 안에서 보았던 것들이 지금은 보이지 않는다. 왜 그런가? 게다가 성령이 나를 다른 것을 공부하도록 인도하는 것만 같다.

답변1: 우선 첫 번째 문제에 대해 생각해 보자. 이전에 보았던 것을 지금은 보지 못하는 이유는, 그리스도께 문제가 있는 것이 아니라 우리의 믿음에 문제가 있는 것이다. 그리스도는 우리가 그의 안에서 가장 기뻐했을 때처럼 늘 새롭고 선하고 축복으로 충만하신 분이다(히 1:11-12).

왜 아니겠는가? 하나님은 예수 그리스도를 항상 기쁘게 받아들이시며 그의 피를 귀하게 여기신다. 그리스도의 유익으로 말미암아 정의는 이제 영원한 안식에 들어갔다. 그러니 우리는 더 이상 길을 바꿔 가며 바삐 돌아다닐 필요가 없는 것이다(잠 8:30; 렘 2:36).

죄는 예나 지금이나 똑같다. 율법의 저주도 마찬가지다. 게다가 사탄은 그 어느 때보다도 분주하다. 따라서 온몸으로 율법을 경계하도록 하라. 오, 영혼이여! 돌아와 휴식을 취하라. 그리스도는 우리의 인생이시며 우리 삶의 전부시다.

이제 죄책감에서 벗어나야 한다. 우리는 알게 모르게 하는 일마다 죄를 짓는다. 그러니 어린양의 피를 믿지 않으면 어떻게 하나님 앞에서 죄로부터 깨끗해질 수 있겠는가? 우리는 그 앞에서 우리의 옷을 씻어 희게 만들어야 한다(계 7:14-15).

결론을 내리자면, 누구든지 위와 같은 질문을 하는 자는 부도덕하고 사악하며 탐욕스럽고 마음이 굳은 인간이다.

이제 성령이 다른 것을 공부하도록 인도하는 것 같다는 문제에 대해 생각해 보자.

답변2: 다른 어떤 것을 말하는가? 예수 그리스도를 통해 하나님의 인정을 받는다는 거룩한 복음 외에 다른 어떤 것이 중요하단 말인가? 예수 그리스도의 복음을 벗어난 정신이나 교리, 지혜는 무엇이든지 간에 하나님의 자녀에게는 공부할 가치가 없다. 또 그것들은 예수 그리스도를 믿는 데 양식이 되지도 않는다. 믿음은 그리스도의 살, 곧 영생의 떡이다(요 6:51). 그러니 어느 쪽을 택할 것인가? 적그리스도의 영을 경계하도록 하라. "많은 거짓 선지자가 세상에 나왔음이니라"(요일 4:1). 앞서 말한 대로 하나님의 성령은 "지혜와 계시의 정신을 너희에게 주사 하나님을 알게" 하신다(참고. 엡 1:17; 요 14-16장). 따라서 주 그리스도 외의 영은 무엇을 발견할 능력이 없다. 영은 그리스도를 선포하며 그의 말씀을 우리에게 전하기 위해 보내졌다. 즉 영의 사명은 하나님께 속한 것을 우리에게 나타내는 것이다. 따라서 성령이 우리를 그리스도의 피와 의에서 벗어난 길로 인도한다는 말을 해서는 안 된다. 그것은 멸망과 파멸로 인도하는 사탄과 미혹의 영일 뿐이다. 구약 백성들이 한 것처럼 그리스도를 시험하지 말라. 그들이 어떻게 그리스도를 시험하였는가? 만나를 먹기 싫어했다. 만나는 그리스도의 피와 살이며 믿는 자들의 양식이다. 그러니 그리스도를 시험함으로써 뱀의 유혹에 빠져 죄책감에 시달리지 않도록 조심하라. 그리스도를 치워 버리면 죄가 남는다. 속죄의 제물은 더 이상 필요하지 않다. 남은 것은 "멸망시키는 자에게 멸망" 당하는 길뿐이다(참고. 고전 10:10; 민 21:5-7).

믿음에 의지하는 삶은 우리가 우리의 약점과 유혹 아래 복음의 의무를 수행할 때, 하나님에 대한 확고한 자신감과 담대함을 심어 준다. 하나님에 대해 신성한 자신감을 갖는다는 것은 하나의 축복이다. 하나님은 우리 편이 되셔서 "항상 우리를 그리스도 안에서 이기게" 하신다(참고. 고후 2:14, 4:17-18; 갈 2:27; 빌 3:2-3; 롬 5:11).

그런데 그런 자신감을 심어 주고 우리 마음속에 유지시켜 주는 것이 바로 믿음이다. 그것이 바로 사도 바울이 하나님과 주 예수 안에서 늘 기뻐하며 승리의 삶을 살 수 있었던 까닭이다. 우리는 믿음으로 말미암아 하나님의 눈에 들며, 우리 앞에 펼쳐진 일을 볼 수 있다. 믿음은 하나님의 지혜와 은혜로 우리를 천국으로 인도하며 그곳에서 우리에게 더 큰 영광을 안겨 준다. 믿음이 있는 자는 맹목적인 공포와 애타는 근심을 초월하여 살며, 하나님의 도움으로 온갖 역경을 헤쳐 나간다. 다윗은 만사가 뒤틀린 것 같은 상황에서 여호와 하나님께로부터 힘과 용기를 얻었다(삼상 30:6). 다니엘은 하나님을 믿는 가운데 자신의 모든 역경이 해결되리라고 확신했다(단 6:23). 다윗은 "여호와의 은혜 볼 것을 믿었도다"라고 말했다(시 27:13). 따라서 믿음은 온갖 어려움에 대한 방책이며 하나님께 대해 자신감을 갖게 해 준다(욘 3:4-5). 그러므로 우리는 믿음으로 하나님 앞에 담대하게 나아가 그의 자녀로서 우리의 권리를 주장할 수 있다(히 10:22-23; 엡 1:4-7). 즉 우리는 그리스도를 통해 믿음으로 말미암아 인정을 받고 하나님의 은혜와 그리스도의 풍요, 다가올 세상의 영광에 참여하는 것이다. 그뿐만 아니라 믿음이 있는 자는 지옥과 이 세상의 위험을 담대한 눈으로 바라보며 공포를 위안으로 승화시킬 수 있다. 그런 자의 눈은 영광 가운데 계신 왕을 향하기 때문이다(사 33:17-18).

믿음이 있는 자들은 침착하고 인내심 있는 태도로 역경을 헤쳐 나간다. 자신에게 가장 소중한 부분인 영이 그리스도의 피로 씻김을 받고 하나님의 특별한 보호와 관심 아래 안전하다는 사실을 알기 때문이다. 그는 또 자신이 얼마 있지 않아 충만한 기쁨을 누리게 될 것이라는 사실도 안다. "우리가 성령으로 믿음을 좇아 의의 소망을 기다리노니"(갈 5:5). 그랬기 때문에 야고보는 성도들에게 추수가 가까웠으니 인내하라고 타일렀다(약 5:7-11). 믿는 자들은 그들의 영을 그리스도에게 의탁한다. "나의 의뢰(依賴)한 자를 내가 알고 또한 나의 의탁한 것을 그날까지 저가 능히 지키실 줄을 확신함이라"(딤후 1:12). 그래서 사도 바울은 하나님의 이름을 위해 고난을 받는 것을 부끄러워하지 않았다. 오, 우리가 믿음으로 말미암아 주 예수와 한 배에 타고 있다니 얼마나 큰 축복인가!(시 46:1-6) 그런 확신이 있기에 우리는 "여호와의 구원을 바라고 잠잠히 기다림이" 좋기만 한 것이다(애 3:26).

덧붙이자면, 믿는 자는 또 하늘로부터 새 힘을 얻어 활기차고 생기 넘치는 하루를 살 수 있다. 믿음의 눈으로 그리스도를 바라볼 때마다 그런 놀라운 일이 생긴다. 사도 바울은 형제들이 자신을 만나러 오는 것을 보고 "하나님께 사례하고 담대한 마음을 얻"었다(행

28:15). 오, 그러니 그리스도를 바라보면 얼마나 더 큰 힘과 담대한 마음을 얻겠는가! "우리가 다 수건을 벗은 얼굴로 거울을 보는 것같이 주의 영광을 보매 저와 같은 형상으로 화하여 영광으로 영광에 이르니 곧 주의 영으로 말미암음이니라"(고후 3:18).

따라서 믿음생활에 성심성의를 다하고 하나님의 명령 가운데 그 어느 것도 소홀히 하는 일이 없도록 주의하라(요 6:46). "그의 계명은 이것이니 곧 그 아들 예수 그리스도의 이름을 믿고"(요일 3:23). 하나님은 우리가 믿기를 원하신다. 따라서 우리는 믿고 구원을 얻어야 한다. 불신은 흉악한 죄처럼 쉽게 눈에 띄지 않는다. 그것은 고운 실과 같으며, 한마디로 "얽매이기 쉬운 죄"다(히 12:1). 만물의 법칙을 거스르는 죄는 만물의 빛이 잘 드러난다. 그러나 믿음의 법은 육신이나 자연의 가르침을 초월하는 명령이다. 따라서 믿음으로 사는 일은 쉽지 않다. 하지만 그렇게 살아야 한다. 그렇지 않으면 우리가 수행하는 다른 의무들이 아무 소용이 없게 된다. 믿지 않으면, 한편으로는 하나님을 열심히 경배하면서 다른 한편으로는 하나님을 거짓말쟁이로 만드는 결과를 낳는다. "하나님을 믿지 아니하는 자는 하나님을 거짓말하는 자로 만드나니 이는 하나님께서 그 아들에 관하여 증거하신 증거를 믿지 아니하였음이라 또 증거는 이것이니 하나님이 우리에게 영생을 주신 것과 이 생명이 그의 아들 안에 있는 그것이니라"(요일 5:10-11). 따라서 우리가 믿지 않을 때, 즉 그리스도의 피로 의롭다 함을 얻어 구원을 받으려고 하지 않을 때, 우리는 하나님의 모든 증거를 거짓말로 만들어 버리는 셈이다. 그렇다. 은총의 약속을 짓밟고 그리스도의 보혈을 부정하고 가치 없는 것으로 치부해 버리는 것이다(히 10:29). 그러니 하나님께서 그런 자가 행하는 의무나 기도, 자선이나 감사, 절제와 같은 행위를 어떻게 받아들이시겠는가? 하나님을 기쁘시게 하는 것은 믿음이라는 사실을 기억하라. 믿음이 없이는 그 어떤 것도 그를 기쁘시게 할 수가 없다. 가인의 제물이 그런 이유에서 인정을 받지 못했음을 기억하라. "믿음으로 아벨은 가인보다 더 나은 제사를 하나님께 드림으로"(히 11:4). 아벨은 구세주가 나타나 사탄과 지옥의 저주를 무찌를 것이라는 약속을 믿고, 그리스도께서 자신을 구원해 주실 것이라고 확신했다. 그런 다음, 그는 그 모든 것을 믿는다는 증거로 양의 첫 새끼를 여호와께 드렸다. 그의 제사가 그런 믿음에서 나왔기 때문에 하나님께서 받으셨던 것이다. 다시 말해 하나님께서 받으시는 제사를 드리기 위해서는 먼저 그분 앞에 바로 서야 한다. 그런데 그리스도를 믿지 않는 자는 그의 의를 얻지 못했기 때문에 바로 서지 못하고 죄책 아래 놓일 수밖에 없다. 따라서 하나님의 약속과 그리스도의 유익이 그런 자에게는 효과가 없어지므로 그가 어떤 의무나 순종의 행위를 하더라도 하나님은 그를 기쁘게 받아들이지 않으신다.

그러니 믿지 않는 자의 처지란 얼마나 비참한가! 그는 하는 일마다 죄를 짓는다. 율법을 어겨도 죄요, 율법을 지키려고 애를 써도 죄다. 이때 그는 이중으로 죄를 짓는 셈이다. 첫째는 율법을 불완전하게 행하기 때문이요, 둘째는 계속 그 자리에 머물면서 완벽한 것, 곧 하나님께서 내리시는 것을 거부하기 때문이다. 따라서 믿음이 없는 자들은 그 사실이 드러나거나 드러나지 않거나 관계없이 저주로부터 의롭다 함을 얻지 못한다. 그들은 믿음도 없고 하나님의 진리를 거짓말로 만들기 때문에 율법의 저주 아래 놓인다. 따라서 하나님을 기쁘시게 해 드리고 싶은 자들은 성심성의껏 믿음생활을 하도록 하라. 그래야 하나님을 노하시게 하지 않으며, 가인이 당한 것과 같은 고통과 지옥에 떨어지는 고통을 당하지 않는다. "믿지 않는 사람은 정죄를 받으리라"(막 16:16). 믿음은 복음의 순종 가운데 으뜸가는 것으로 다른 어떤 의무보다 앞선다. 우리가 하나님께 예배를 드릴 때 그 예배가 하나님을 기쁘시게 해 드리는 것이 되려면 행위 하나하나마다 믿음이 따라야 한다.

이제 왜 지옥의 세력이 믿음을 그토록 싫어하는지 알겠는가? 사탄은 우리 크리스천들의 순종을 모두 싫어하지만 그중 가장 중요한 것을 특히 싫어한다. 사도 바울은 데살로니가인들에게 보낸 서신에서 이렇게 말했다. "나도 참다 못하여 너희 믿음을 알기 위하여 보내었노니 이는 혹 시험하는 자가 너희를 시험하여 우리 수고를 헛되게 할까 함일러니"(살전 3:5). 그렇다. 믿음이 없거나 무너지면 모든 수고가 허사로 돌아간다. 아무것도 우리에게 득이 되지 않는다. 하나님과의 화평도 불가능하고, 어떤 종교적인 의무도 인정을 받지 못하게 된다. 사탄이 바로 그 점을 알고 끊임없이 우리를 유혹하는 것이다.

3. 사탄이 믿음을 싫어하는 이유

사탄이 믿음을 싫어하는 데는 3가지 이유가 있다.

첫째, 믿음은 사물의 진실을 밝히기 때문이다. 즉 이 세상에 속한 것과 다가올 세상에 속한 것, 하늘과 땅에 존재하는 만물의 진리를 믿는 자에게 보여 준다. 믿음은 한쪽의 축복과 선함과 영속성을, 다른 쪽의 무상함과 어리석음과 일시성을 드러낸다. 따라서 믿는 자는 율법과 선지자들의 글에 기록된 것을 다 진리로 받아들일 수 있는 눈이 생긴다(행 24:14). 그곳에는 하나님의 속성과 예수 그리스도의 공로, 천국의 영광과 지옥의 형벌, 약속의 사랑스러움과 저주의 공포가 다 기록되어 있다. 즉 우리의 눈이 밝아지기 때문에 이 세상을 사랑하고 저 세상을 경시하라는 사탄의 유혹이 먹혀 들지 않게 된다. 그런 유혹은 믿음이 부족한 자에게나 통할 뿐이다(요일 5:4-5). "무릇 새가 그물 치는 것을 보면 헛일이겠거늘"(잠 1:17). 그러니 먼저 우리의 마음을 어지럽혀 "그리스도의 영광의 복음의 광채가 비취지 못하게" 하지 않는 한(고후 4:4), 사탄은 우리에게 아무런 해도 끼칠 수가 없다. 따라서 경건한 자는 사탄이 이 세상의 영광과 죄의 달콤함, 저 세상의 불확실성을 늘어놓을 때 믿음의 눈으로 그 진실을 볼 수 있는 것이다(히 11:27).

둘째, 믿음은 우리를 감싸 하나님과 함께하는 삶으로 인도한다. 즉 우리를 그리스도의 의로 덮어 사탄 앞에 완벽한 모습으로 세워 주는 것이다. 따라서 사탄은 아무리 교활한 방법을 써도 율법의 정의 앞에서 우리의 흠을 잡을 수가 없게 된다. 물론 인간은 머리끝에서 발끝까지 죄로 뒤덮여 있지만 그리스도께서 그 모든 것을 가려주신다. 그 결과 우리는 믿음 안에서 경건해지고 평안을 얻는다. 그런 다음 신성한 옷을 입고 정의의 심판 앞에 눈부신 모습으로 서는 것이다. 이때 사탄이 하나님께로부터 듣는 대답은 이것뿐이다. "여호와는 야곱의 허물을 보지 아니하시며 이스라엘의 패역을 보지 아니하시는도다"(민 23:21). "대저 이스라엘과 유다가 이스라엘의 거룩하신 자를 거역하므로 죄과가 땅에 가득하나 그 하나님 만군의 여호와에게 버림을 입지 아니하였나니"(참고. 렘 51:5; 롬 6:14; 신 33:12). 따라서 믿는 자는 적의 손에 노출되지 않고 은총의 보살핌 아래 안전하게 거할 수 있다.

셋째, 믿음은 우리가 사탄의 은근한 꾀에 넘어가지 않도록 막아준다. 따라서 사탄이 믿는 자에게 자격이나 행위로 하나님의 인정을 받을 수 있다고 속삭일 때 그는 사실 바람에 대고 속삭이는 셈이다. 믿음은 불신이 하나님께 대적하여 하는 일을 마귀에 대적하여 한다. 불신은 하나님을 거짓말쟁이로 만들지 않는가? 믿음은 마귀를 거짓말쟁이로 만든다. 불신은 은혜를 소멸시키려고 하지 않는가? 믿음은 은혜를 불꽃처럼 타오르게 한다. 불신은 우리의 영혼을 슬프게 하지 않는가? 믿음은 우리의 영혼을 성령의 기쁨으로 채운다. 불신은 우리를 죄에 묶어 두지 않는가? 그리스도 안의 믿음은 우리를 죄에서 해방시켜 준다.

믿음은 우리가 사탄의 꾀에 넘어가는 것을 막아 주기 때문에 사탄이 공격을 할 경우, 그를 제압하여 내쫓아 버린다. "마귀를 대적하라 그리하면 너희를 피하리라"(약 4:7). "너희는 믿음을 굳게 하여 저를 대적하라"(벧전 5:9). 그러니 하나님께서 나를 사랑하신다는 사실을 믿고, 그리스도의 피가 나를 위한 것임을 믿고, 그리스도의 의를 통해 내가 하나님 앞에 바로 설 수 있게 되었음을 믿도록 하라. 그러면 사탄은 복음을 믿는 자로부터 멀리 날아가 버릴 것이다. 그런데 믿음을 굳게 가져야 한다. 흔들릴 때마다 사탄이 틈을 탈 것이다. 믿음을 굳게 지키지 못하고 불신 속에서 비틀거리는 자들은 사탄의 공격에 쉽게 넘어간다. 우리가 비틀거릴 때마다 사탄은 잃은 땅을 찾고 다시 전투에 들어간다. 우리가 또다시 비틀거리면 사탄은 용기를 얻어 다양한 수단으로 접근한다. 그러면 여러 가지 유혹이 겹쳐 역경은 갑절로 불어나게 된다.

그러니 믿음을 굳게 가지도록 하라. "모든 것 위에 믿음의 방패를 가지고 이로써 능히 악한 자의 모든 화전을 소멸하고"(엡 6:16). 그 화전이 비록 지옥의 불로 활활 타오른다고 해도 굳건한 믿음 앞에서는 소멸될 것이다. 사탄의 화전이 얼마나 뜨거운지, 또 그것에 맞았을 때 육신과 불신이 얼마나 뜨겁게 타오르는지는 겪어 본 사람이 아니면 모른다. 역으로, 그것을 소멸할 수 있는 믿음의 능력에 대해서도 오직 그만한 믿음을 지니고 행사할 수 있는 사람이 아니면 모른다.

4. 진리에 어두운 자

끝으로, 우리를 의롭다 하는 의가 예수 그리스도의 위격 안에만 거할 때, 이 세상에는 두 부류의 애처로운 사람들이 생긴다.

첫째는 그리스도와 율법 사이에서 갈팡질팡하는 자요, 둘째는 가장 축복받은 의의 능력을 공공연히 부정하는 자다.

첫 번째 부류의 사람들은 생명을 찾고 또 찾지만 결코 그것을 발견하지 못한다. 왜 그런가? 그들은 생명을 믿음으로 찾지 않고 율법의 행위로 찾기 때문이다. 그런가 하면 그들은 공로주의자도 아니다. 율법을 전적으로 신뢰하지도 않기 때문이다. 그런 자들은 반은 그리스도를 의지하고, 반은 율법을 의지한다. 따라서 그런 반쪽주의자는 생명을 얻지 못한다. 그리스도를 반쪽 구세주로 보는 자들에게 그리스도가 무슨 이유로 온전한 구세주가 되어 주시겠는가? 그들은 그리스도와 율법 사이에 정지해 있으니까 그 둘 사이로 떨어져야 한다. 자신의 공로에 일부 의지한, 즉 구원을 받을 뻔했던 사람들이다. 따라서 그런 자가 주님께 무언가 얻을 수 있다고 생각한다면 오산이다. 그런 자란 그리스도를 통한 하나님의 은혜에 대해 확신을 갖지 못하는 자를 말한다. "오직 믿음으로 구하고 조금도 의심하지 말라 의심하는 자는 마치 바람에 밀려 요동하는 바다 물결 같으니"(약 1:6). 즉 "두 마음을 품어 모든 일에 정함이 없는 자"다(약 1:8). 따라서 그런 자는 실패를 거듭하며 젖과 꿀이 흐르는 기름진 땅을 보지 못할 것이다. 그러니 생명을 얻는다든지 주님께 무엇을 얻을 생각은 말아야 한다.

초대 교회 때 많은 사람이 그와 같았다. 경건한 유대인들과 개종자들이 복음의 말씀에서 멀어졌을 때, 그들은 수렁에서 뒹구는 돼지처럼 더러운 타락 행위에 빠진 것이 아니라 율법에 빠졌던 것이다. 혹은 복음과 율법 그 어느 것도 충분치 않다고 의심하면서 그 둘 사이에 머물렀다. 따라서 그런 자는 겁에 질려 불신하다가 결국 믿지 않는 자로 전락하여 하나님으로부터 '흉악한 자, 살인자, 행음자, 우상숭배자, 거짓말쟁이'라는 소리를 들으며 "불과 유황이 타는 못" 한쪽을 차지하게 될 것이다(계 21:8). 그리스도를 내쫓는 자리에는 죄와 그 죄를 향한 하나님의 진노만 남기 때문이다. 그리스도는 반쪽 구세주가 아니다. 그는 우리를 온통 구원해 주거나 아니면 전혀 구원해 주지 않는다. "이런 사람은 무엇이든지 주께 얻기를 생각하지 말라"(약 1:7).

그런 자는 아무것도 얻지 못한다. 약속도, 용서도, 천국도, 구원도, 불길을 피할 길도 없다. 그가 어떤 상황에 처해 있는지 알겠는가? 그런데도 그는 기도하는 종교인이다. 기도하며 찾고 갈망하는 사람이다. 그러나 둘 사이에 서서 자신의 의에 기대며 죄를 범한다. 또 주 예수 그리스도께 전적으로 의지하기를 두려워한다. 따라서 그는 하나님께 아무것도 얻지 못할 것이다.

그런데 그는 하나님은 자비로우신 분이고, 그의 약속은 위대하기 때문에 자신이 무언가 얻을 것이라고 기대할지도 모른다. 하지만 그런 기대는 위 본문을 통해 단번에 무너진다. 그 죄인은 버림을 받을 것이다. 따라서 그런 자는 하나님의 손에서 무엇인가 얻을 수 있다는 생각을 버려야 한다. 이스라엘 백성은 자신들이 경멸한 그 땅에 올라가리라고 생각했다(민 14:40-41). 아각은 자신의 몸이 산산조각이 난 날, 사망의 괴로움이 지났다고 생각했다(삼상 15:32-33). 레갑과 그 형제 바아나는 헤브론 못가에서 교수형을 당한 날, 다윗의 상을 받을 줄로 생각했다(삼하 4:12).

두 번째 부류인, 가장 축복받은 의의 능력을 공공연히 부정하는 자에 대해 생각해 보자. 성경은 그들에게 심판이 임할 것이라고 선언한다. 그들은 하나님의 지혜와 긍휼을 거부하고, 구원의 수단을 믿지 않으며, 하나님의 아들의 피를 짓밟아 버린 자들이다. 따라서 불같은 진노가 그 적들을 집어삼킬 것이다.

마지막으로, 예수 그리스도를 경시하는 자에게 한마디 하고자 한다. "우리가 이같이 큰 구원을 등한히 여기면 어찌 피하리요"(히 2:3). 여기서 우리는 위에 말한 자들이 그 외관이나 이름이나 생각에 관계없이 모두 주 예수를 경시하고 있음을 알 수 있다. 따라서 그들은 현재 정죄 상태에 있는 것이다. "믿지 아니하는 자는 하나님의 독생자의 이름을 믿지 아니하므로 벌써 심판을 받은 것이니라"(요 3:18).

주 예수를 멀리하며 불신에 갇혀 있는 자들이 심적으로 편안한 것은 사실이다. 하지만 그들은 하나님 앞에서 유죄선고를 받고 최후의 심판에 넘겨질 것이다. 그들은 여전히 죄에 묶여 있고 하나님의 진노가 그 위에 머물러 있기 때문이다(요 3:36). 따라서 그들의 평화는 마치 경찰관이 문 앞에 있다는 사실을 모르는 도둑의 평화와 같다. 그런 평화는 경찰관을 보는 순간 온데간데없이 사라진다. 죄에 대해 걱정을 하지 않는 사람이 수없이 많다. 문제는 하나님께서 저주받은 아간보다 더 심하게 벌을 내리실 사람도 수없이 많다는 사실이다. 그들은 그리스도로 말미암은 평화를 선택하여 "십자가의 피로" 하나님과 화평을 이루기보다 사탄의 거짓 평화를 선택했기 때문이다(골 1:20).

깨어나라, 방심한 죄인들이여! 깨어나라! 죽은 상태에서 일어나면 그리스도께서 빛을 비춰 주실 것이다(엡 5:14). 예수 그리스도를 믿지 않는 자들은 죄를 짓거나 의를 행하는 상태에 머물지 말고, 하나님께 자신의 상태를 볼 수 있는 빛을 주십사고 부르짖어야 한다. 하나님의 말씀 안에 거하는 그 빛은 하나님의 의를 나타낸다. 따라서 우리는 그 빛을 통해 그리스도께서 완수하시고 하나님께서 인정하신 의, 곧 심판의 손길에서 우리를 구원해 줄 유일한 의를 볼 수 있는 것이다(롬 1:17).

인간이 그리스도의 복음과 생명을 거부하는 데는 6가지 이유가 있다.

1. 자신의 본성, 곧 원죄로 인해 자신이 타락한 존재라는 사실을 보지 못한다(엡 2:2).
2. 죄에 대한 하나님의 정의를 보지 못한다. 하나님은 이렇게 말씀하신다. "원수 갚는 것이 내게 있으니 내가 갚으리라"(히 10:30).
3. 예수 그리스도의 유익을 보지 못한다(고후 4:4).

4. 불신이 너무 깊이 뿌리 박혀 있어 자신을 감히 그리스도께 내 맡기지 못한다(계 21:8). 그리스도의 의에만 의지할 용기가 없는 것이다.

5. 육신의 이성이 믿음의 말씀을 거부한다. 예수 그리스도의 은혜에 굴복할 수가 없는 것이다(고전 2:14).

6. 자기들끼리 서로 높이길 좋아한다(요 5:44). 어리석은 자들은 허영으로 가득 찬 의로 칭찬받기를 즐기며, 사람으로부터 칭찬을 받으면 하나님께도 칭찬을 받을 줄로 생각한다. "너희가 서로 영광을 취하고 유일하신 하나님께로부터 오는 영광은 구하지 아니하니 어찌 나를 믿을 수 있느냐"(요 5:44). 허영심은 인간을 파멸로 몰고 간다. 그것은 법률주의자의 재앙이요, 일반 시민의 재앙이요, 형식주의자의 재앙이다. 그런데 이상한 점은 그것이 타락하고 방탕한 자의 재앙이기도 하다는 사실이다. 의에 무관심한 자들도 가만히 살펴보면 드물게 선행을 하는 경우가 있다. 그러면서 그 가련한 자들은 그 일로 인해 하나님께서 자신을 받아들이시리라고 착각을 한다.

일곱 번째 이유는, 사람들이 심판과 그 이후의 일에 대해 진지하게 생각해 보지 않기 때문이다. 그런 일들을 깊이 생각해 보면 의를 얻기 위해 예수 그리스도를 따르고 싶다는 의지가 분명히 생길 것이다. 그 점을 마귀는 두려워한다. 따라서 곰곰이 생각만 해 본다면, 고통을 당하지 않기 위해 자신의 부정한 생각에서 예수 그리스도 안의 하나님의 은혜로 옮아 가고 싶은 마음이 들 것이다.

맺음말
네 영혼을 염려하라

이제 두 번째 실천을 마무리하기 전에 독자 여러분에게 몇 가지 충고를 하고자 한다. 그 충고를 통해 영의 구원이라는 문제에 대해 좀 더 진지하게 생각해 보기 바란다.

하나님은 인간을 이 세상 어떤 창조물보다 우위에 두시며 영원히 살도록 하셨다는 점을 명심하라. 인간은 소멸하지 않고 다시는 무(無)로 돌아가지 않으며 하나님이나 사탄 중 어느 한 쪽과 영원히 살아야 한다. 비록 성경은 사람이 죽는 데 있어 짐승보다 나을 것이 없다고 말하고 있으나(전 3:19), 실은 짐승이 인간보다 낫다. 짐승은 인간처럼 다시 일어나 심판대에 서지도 않고 죄에 대해 끔찍한 선고도 받지 않기 때문이다. 따라서 그것만으로도 영의 구원에 대해 심각하게 고려해 볼 필요가 있는 것이다. 인간은 언젠가 모든 것을 심판하는 자 앞에 서야 한다. 그의 눈은 불꽃같이 빛나며, 그 앞에서 하나님의 의가 없는 자는 어떤 말이나 생각, 행위도 감출 수 없을 것이다. 그 정의의 불은 율법으로 걸친 의의 누더기를 태우며, 죄로 탄식하는 영혼과 견뎌야 하는 영원한 불길밖에는 남겨 놓지 않을 것이다. 오, 그 불길은 곧 죄인에게 들러붙어 그 육신을 먹어 치우며 그 영을 독사에 물린 것보다 한층 더 고통스럽게 고문할 것이다. 그 고통은 인간을 구원하기 위해 구세주로 오신 예수 그리스도를 믿지 않은 죄에 대해서는 더욱 가중될 것이다.

은혜는 한번 놓치면 영원히 놓친다는 점을 명심하라. 한번 닫힌 문은 다시는 열리지 않는다(눅 13장). 그때는 뉘우치고 소원하고 한탄해도 소용이 없다. 때는 늦은 것이다. "권고받는 날을 네가 알지 못"한 탓이다(눅 19:44). 즉 기회가 주어졌을 때 은혜를 얻지 못한 것이다. "저희가 듣지 아니하므로 내 하나님이 저희를 버리시리니"(호 9:17). 가인은 죽기 전 수백 년을 하나님의 눈밖에 난 채 살았다. 이스마엘은 열일곱 살에 쫓겨났다. 에서는 장자 상속권을 팔고난 뒤 34년을 더 살았다. 아, 얼마나 많은 자들이 그런 상황에 처해 있는가! 하나님은 너그러우신 분이다. 그렇다. 대단히 너그러우신 분이다. 그렇다 해도 항상 경시당하거나 모욕을 당하실 분은 아니다. 이 세상에는 죄인이 넘친다. 그리스도께서 거라사 땅을 떠나 바다를 건너시니 그쪽에서는 많은 사람이 그를 영접했다(눅 8:37, 40). 유대인들이 바울의 말을 반박하고 비방할 때 이방인들은 듣고 기뻐하며 하나님의 말씀을 찬송했다(행 13:46-48).

죄인이여, 그대 앞에 생명과 사망이 놓여 있음을 보는가? 늦지 않았다면 생명을 얻을 것이요, 늦었다면 사망이 곧 그대를 삼킬 것이다. 말해 보라. 복음을 떠나 저주로 가는 길이 무섭지 않은가? 구원을 얻지 못해 끝없는 고통 속에 누워 있다는 것이 끔찍하지 않은가? 구세주가 심판자로 변하는 모습을 편안하게 바라볼 수 있겠는가? 눈물을 흘리며 세상의 죄를 위해 죽은 그리스도께서 그를 멸시하는 죄인들에게 하나님의 심판을 내리시는 것을 보고 싶은가? 인간의 그 모든 추악함에도 불구하고 그리스도만 가까이한다면 율법의 심판에서 벗어나 정죄받지 않고 사망에서 생명으로 넘어갈 수 있다.

그러나 하나님의 진노를 만나면 영원히 헤어날 수 없게 된다. 더 물어보자. 연소 물질을 가득 안고 객기를 부리며 불에 뛰어든다면 미친 자가 아니겠는가? 살인이나 강도 등 중죄를 짓고 마치 법이나 재판관, 선고나 집행이 농담이나 장난감이라도 되는 양 죽어라고 경찰관을 향해 달려가면 정신 나간 자가 아니겠는가? 그렇게 미친 자는 불쌍하고 가련하고 비참하기 짝이 없는 죄인이다. 마치 그리스도가 독사라도 되는 양 그를 피하다가 결국 율법의 심판으로 영원히 버림받게 되었으니 말이다. 오! 그가 그토록 매달렸던 율법의 미덕에 호소할 때 하나님은 이렇게 대답하시리라. "너의 아름다움이 누구보다 지나가는고 너는 내려가서 할례받지 않은 자와 함께 뉘울지어다"(겔 32:19). 그러니 지옥에 가서 하나님의 은총을 거부한 자들과 함께 누워 있도록 하라.

죄인들이여, 내가 하는 마지막 충고를 귀담아듣도록 하라. 우리에게는 소중한 영이 있으며 우리는 마지막 날을 향해 가고 있다. 그 소중한 영은 그날 운명의 갈림길에 서게 될 것이다. 그날이 오면 지체 없이 보상이 이루어질 것이다. 다시 말하건대 자신의 마지막 날에 대해 진지하게 생각해 보며 다음과 같이 자문해 보라. 오늘이 내게 마지막 날이라면? 태양이 떠오르는 것을 다시는 볼 수 없다면? 내일 아침 내 묵직한 귀에 울리는 첫 음성이 "죽은 자여, 일어나 심판을 받도록 하라"라면? 이어 내 눈에 보이는 것이 천사들과 함께 구름 속에서 불과 유황으로 세상을 치고 계시는 그리스도라면? 나는 내 마지막 날을 맞을 준비가 되었는가? 하나님의 나팔 소리를 들을 준비가 되었는가? 위대한 하나님과 주 예수의 장엄한 모습을 볼 준비가 되었는가? 나의 진술이나 믿음이 하나님의 심판에서 나를 구해 줄 수 있을 것인가? 불꽃같은 그 눈이 내 생각과 말과 행위를 꿰뚫어 보아 내가 하나님의 진노를 받게 되는 것은 아닐까? 오! 그런 다가올 일에 대해 생각할 때, 전능하신 하나님의 그 특별한 날의 웅대함과 공포를 통감할 때, 심판하는 자 앞에 자신의 영과 함께 선다는 것이 어떤 것인지 상상해 볼 때, 죄인들의 상태란 얼마나 심각한가! 주여, 이제 이 글의 목적이 이루어지게 해 주시옵소서. 아멘.

● 역자 후기

《의롭다 하시는 하나님》의 번역을 맡게 되었을 때 내 마음은 설레기도 하고 두렵기도 했다. 영국의 유명한 설교가이자 우화작가인 존 번연의 작품이라는 데 대한 기대와 부담감 때문이었으리라. 청교도 사역자 번연은 긴 옥중생활 속에서도 열정적으로 복음을 전하며, 왕성한 집필활동을 하여 60여 편에 달하는 저서를 남겼다. 그 가운데 국내 독자들이 접할 수 있는 책은 소설 《천로역정》 외에 두세 작품뿐이라는 점을 감안할 때, 《의롭다 하시는 하나님》의 출간은 실로 반가운 일이 아닐 수 없다.

나는 작업을 하면서 온갖 감정을 다 경험했다. 인간의 어리석음을 꼬집는 대목에서는 절로 고개가 숙여졌고, 흐리멍덩한 의식을 나무라는 단호한 음성 앞에서는 정신이 번쩍 들었다. 그런가 하면 빈틈없는 논리로 반대 의견을 잠재울 때는 감탄사가 터져 나왔고, 마치 내 안의 의심을 아는 듯 확신을 주는 글 앞에서는 코끝이 찡해졌다. 한 편의 진정 살아 있는 설교를 들은 기분이었다.

번연은 이 책에서 행위로 천국 열쇠를 쥘 수 있다고 생각하는 자들을 질타한다. 그는 신구약을 넘나들며 관련 구절을 족집게같이 집어내는 한편 명쾌한 해석을 제공한다. "너는 오직 네 죄를 자복(自服)하라"(렘 3:13). 번연은 이때 죄를 고백하는 데 그쳐야 그 밖에 뭔가 선행을 하여 양심의 가책을 덜어 보려고 해서는 안 된다고 말한다. 그러면 상처가 잘못된 방법으로 치료되기 때문이란다. 나는 가슴이 뭉클해졌다. 내 상처를 그리스도께 맡기지 않고 나 자신이 고쳐 보려고 발버둥 치던 내가 아니던가.

번연은 또 양다리를 걸치는 자들을 신랄하게 공격한다. 반은 믿고 반은 다른 것에 의지하는 반쪽주의자들에게 그리스도께서 무슨 이유로 온전한 구세주가 되어 주시겠느냐는 것이다. 그들은 반만 믿었으니 반만 구원받아야 할 터인데 반쪽 구원이란 없을 뿐 아니라, 그런 자들은 다른 쪽에서도 환영하지 않을 테니 그 둘 사이로 떨어져 버리라고 선언한다. 300년이 지난 지금, 번연의 그런 재치와 박력이 넘치는 설교를 다시 접한다는 것이 내게 뜻밖의 기쁨이었다.

이런 귀한 책을 찾아내 번역 출간을 결정한 기독교문사에 감사의 마음을 전한다. 또 내가 원문 속의 17세기 고어를 이해하는 데 부족함이 없도록 원서를 처음부터 끝까지 함께 읽으며 도움과 격려를 아끼지 않은 남편 랜디에게도 감사한다. 그러나 무엇보다도 마지막 마침표를 찍는 순간까지 나를 지켜 주시고 인도해 주신 하나님께 특히 감사한다.

이 책이 독자들에게 구원의 확신과 믿음을 더욱 굳건히 할 수 있는 계기가 되길 바란다. 그처럼 아름다운 열매가 맺어질 때 그 영광은 하나님께서 홀로 받으시고, 우리는 오직 그리스도 예수 안에서

위로와 평안을 얻게 되길 기도한다.

"수고하고 무거운 짐 진 자들아 다 내게로 오라 내가 너희를 쉬게 하리라"(마 11:28).

2006년 11월 27일
눈 덮인 캐나다 에드먼턴에서
마리 오